朝日新聞「吉田調書報道」は誤報ではない

隠された原発情報との闘い

海渡 雄一・河合 弘之
+原発事故情報公開原告団・弁護団［著］

彩流社

まえがき――調査報道の火を絶やすな

河合弘之（脱原発弁護団全国連絡会共同代表・映画『日本と原発』監督）

朝日新聞バッシングに強烈な違和感

朝日新聞バッシングがすさまじい。慰安婦報道と福島第一原子力発電所事故における撤退と命令違反報道（以下、「撤退命令違反報道」と言う）がその理由とされている。後者に焦点を合わせたのが本書である。

朝日新聞の撤退命令違反報道に対して、①全員撤退など東京電力（以下、東電）は考えていなかった、②現場の社員は命令違反などしていないとの非難が、意識的に、執拗になされた。「英雄」吉田昌郎《まさお》所長（役職は本書中すべて当時）を侮辱し、かつ勇気ある東電社員をバカにしたというわけだ。

しかし、真実は①東電トップは当時撤退を明らかに考え、検討していた、②所員の大半の福島第二原発への移動は、吉田所長の「第一原発の構内で待機せよ」という指示と違っていた。

一連の朝日新聞を非難する報道を見て、非常に違和感を覚えた。そもそも撤退命令違反報道を非難するジャーナリストや新聞は、福島第一原発事故の真相を追及するためにどれだけの努力をしたのか。政府官邸管理文書のため絶対に公表しようとせず、その存在も明らかにしなかった吉田調書（政府事故調査委員会の調査に応じた吉田所長のヒアリング記録）を隠ぺいの暗闇から引きずり出したのは誰なのか。朝日新聞の二名の記者ではないか。そのおかげで、ようやく福島第一原発事故の真相の重要部分が少しずつ明らかになってきたのではないのか。その二人の血のにじむような、地べたを這うような努力に敬意を払うことなく、その成果が結実した記事を口汚くののしるジャーナリスト、報道機関の荒廃を心寒く思う。

経営の観点から謝罪がなされたのではないか

また、もう一つの視点から、なぜ朝日は簡単に謝ってしまったのかについて考えてみたい。今から40年前の沖縄返還密約事件で毎日新聞がバッシングにあって、読者が激減し、広告の売り上げも減った、そして今の毎日新聞の停滞を招いたとされる。そのようなことが朝日新聞にも起きるのではないかという恐怖感が朝日の経営陣に非常に強かったのだと思う。ことの正当性は措《お》いて、「多勢に無勢だ。今は頭を下げてしまおう。」と考え、ほんとうに真相はどうだったのかというジャーナリストとしての、報道機関としての真相究明をすることなく、まず謝ってしまえという経営判断をしたのだと思う。

それは普通の会社ならともかく、報道機関としてあるまじき行動だと思う。こうべを垂れて、首をすくめて嵐が過ぎ去るのを待とうというのが、簡単に謝ってしまった、記事を撤回した理由ではないか。しかし、こんなことをされたのでは地道な調査報道を通じて隠された真実を究明しようとする記者にとってはたまったものではない。こういうことがあれば、それに続く人がいなくなる。

吉田所長を一面的に「英雄」として良いか

もう一つの判断としては、吉田所長英雄論に対する遠慮があったのではないか。私は当時の吉田所長英雄論というのは必ずしも当たっていない部分があると思う。もちろん、事故発生後は身命を賭して闘ってくれたことは高く評価されるが、調べれば調べるほど、津波の情報隠し、津波のいろいろな警告の握り潰しに吉田所長は非常に中心的に関わっていたことがわかってきている。また、津波対策をしなかったことについて吉田氏は事故後も全く反省していないことが吉田調書によってわかってきている。それにもかかわらず、そのことが報道されず、依然として、吉田所長が過度に英雄視されている。それに疑問を呈することに対する遠慮もしくはおそれが記事全体の取消という行動をとらせたのではないかと思う。

吉田調書がすでに手に入っていたのだから、津波の部分についての吉田調書を紹介して第二弾でそういう記事は書くことはできたし、週刊誌などの報道によるとそういうような記事は準備が進められていたらしい。しかし、それを敢えて載せないで全部撤回してしまった。確かに東京新聞などは吉田調書のこまかいところまで報道したけれども、朝日新聞バッシングを執拗にした新聞社はあまり吉田調書の他の部分についてきちんとした報道をしてない。

バッシングしている作家、例えば門田隆将氏についていうと、鬼の首をとったように「朝日新聞の報道は間違いだ」みたいなことを言っているが、いったいどちらの証言が信用できるのか。事故の直後に、事故のショックで打ちひしがれている人の真実の言葉、政治的配慮なしの言葉と、かなりの時間が経過してから、原発再稼動の機運が作り出された後の自己保身的配慮も生まれてきたかもしれない時期の吉田氏の証言と、どちらが信用できるのか。常識からいっても法律家の視点から言っても、前者の方に決まっている。

政府事故調査委員会の調書は全部公開すべきだ

それから三番目に、そもそも調書を開示するかどうかを本人が同意しているかどうかで区別するなんて、とんでもないことだ。これはプライバシーの問題ではない、公務員もしくは会社員としてその業務の中でどのようなことをしたかということについての証言だから、公の行動に関するもので、これを公開するために、本人の同意などはいらない。日本における戦後史上最大の事故なのだから、歴史的経過を克明に記録するのは、ある意味歴史的義務だといえる。同意を求めること自体が誤りだ。ちなみに吉田所長は初回の聴取で公開に同意している。

772名分の調書の内、3月26日現在で236人分が公開された。しかし、東電の関係者は数名で、一番責任が重そうな役員や幹部のものは全く公開されていない。同意を拒否して公開を拒む態度は真実を覆い隠そうとするものだ。特に東電の重要役員はこぞって、申し合わせて拒否していると考えられ、全く責任感が欠如している。そういう東電の態度に対してその責任を問うてこそ、報道機関といえるのではないかと言いたい。こういう観点からこの本を作った。

東電テレビ会議録画の公表も同じ記者の功績

また、朝日新聞の吉田調書報道をした二人の記者は、吉田調書を引っ張り出した他に東電のテレビ会議録画の記録を白日の下にさらすのに、多大な貢献をした。我々も東電株主代表訴訟の証拠保全手続を通じて録画の公開を求めたけれども、最終的に政府が決断するにあたっては二人の記者による朝日の報道は大きな役割を果たした。テレビ会議録画を公開に追い込んだのはこの二人の記者なのだ。

報道機関と記者は自らの拠って立つところを自らに問え!

文字通りジャーナリスト魂にあふれた調査報道、血のにじむような努力をあなたがたはしたのか! 読売新聞、産経新聞、共同通信、毎日新聞の記者はしたのか。それを自らに問え! といいたい。

二人を攻撃するジャーナリストの多くは記者クラブ制度にどっぷりつかり、権力との癒着取材によって記事を書いているだけではないか。戦前に戦争を止めることなく迎合し、むしろ煽った、あのいまわしい新聞・ラジオの姿をほうふつさせる。

報道は絶対に権力に対する批判、監視という視点を捨て去ってはならない。そして、権力や権力に媚びる者たちに屈してはならない。

朝日新聞「吉田調書報道」は誤報ではない　隠された原発情報との闘い

［目次］

※カバー写真（表1）＝2011年3月15日午前6時14分頃に起きた水素爆発後の4号機
原子炉建屋（東京電力のウェブサイトより）。
（表4）＝吉田昌郎所長名で原子力安全・保安院に送られていたFAX。
対策本部を福島第二原発に移動する旨が明記されている。

第1章　福島第一原発事故と情報隠蔽

原発事故情報公開弁護団の闘い

小川隆太郎

原発事故情報公開弁護団は、福島第一原発事故の真相究明及び再発防止を求める原告10名を代理して、２０１４年6月5日に政府事故調査・検証委員会の行った①吉田昌男氏のヒアリング記録（いわゆる吉田調書）及び②他の７７２名分のヒアリング記録の情報公開請求を行った。この請求に対しては、２０１４年8月4日、①については全部不開示、②については松下忠洋氏のヒアリング記録について全部不開示、残り７７１名分については同年12月26日までに決定予定との通知を受けた。

弁護団としては、開示請求を行ったヒアリング記録は、福島第一原発事故の関係者による事故当時の状況についての貴重な生の証言であって、未曾有の大事故を二度と繰り返さないため、市民自身の手で事故の原因究明と再発防止策を検討する上で必要不可欠であり、また、そもそも国民の税金を使って政府事故調査委員会（以下、政府事故調）が収集した情報でもあって、本来は広く市民に共有されるべき財産であるという考えから、上記の不開示決定に対しては不服申立て及び訴訟提起を行うこととした。

２０１４年8月20日、弁護団は東京地方裁判所において、吉田調書の全部不開示決定について行政文書不開示決定処分取消請求訴訟を提起した。

ところが、同年9月11日、内閣官房は、吉田調書及びその他74名分のヒアリング記録の一部をホームページ上で公開した。さらに、同年12月25日、内閣官房は上記75名に加え、１２７名分の調書を追加公開し、同日、弁護団の当初の７７１名分の情報公開請求に対してホームページで公開している限度での開示決定及びその余の不開示決定を通知した。

吉田調書は一応、ホームページ上で公開され、我々市民も所々に黒塗り状態を残したままではありながらも読むことができるようになったわけだが、弁護団の闘いは続いている。国は、吉田調書に関する当初の不開示決定を「内閣官房のホームページ上に公開された」ことを理由として「撤回」した。しかし「撤回」とは、法律用語においては当初の決定の違法性を認めるものではない（当初の決定の違法性を認めたのであれば法律上「取消」という用語が使用される）。

原則として、政府の保有する情報は、主権者たる国民のものである。たとえその情報を公開することにより一定の不利益が生ずるとしても、不利益を上回る公益が公開によって国民にもたらされるのであれば、この原則に従って政府は情報を公開するべきなのである。

吉田調書は、福島第一原発事故のような大事故を二度と繰り返さないため、市民自身の手で事故の原因究明と再発防止を検討するために必要不可欠なものであり、公開されれば、市民に大きな公益をもたらすことが明らかである。

したがって、当初の不開示決定が違法であること、すなわち開示することによりもたらされる不利益よりも、開示されることによりもたらされる利益の方が大きいことの確認を求める必要性があり、このことは、本件のみならず、今後、主権者たる国民にとって政策を判断する上で重大な同種の情報が隠されることを防ぐことにもつながると考え、吉田調書に関する不開示決定の取消訴訟を続行している。残りの771名分についても追加提訴を行った。弁護団は、これらの訴訟を通して吉田調書の持つ歴史的な意義を明らかにしたいと考えている。

以上のように、まだまだ問題が残るとはいえ、吉田調書と他202名の調書については一応の情報公開に成功したわけだが、これとて朝日新聞のスクープ記事がなければ成し得なかったことである。このような情報公開は、朝日新聞に情報提供した勇気ある内部通報者と、その勇気を受け止めた気概ある新聞記者がいたという、原子力ムラによって支配された日本の中では、「例外的」事情があったからこそ実現できたことである。

政府または東電による原発事故に関する情報隠しは氷山の一角に過ぎず、このような「例外的」事情のない多くのケースでは、原発事故に関する情報は隠されたままになっている。

従来のそうした情報隠しについては第2章で説明するとおりであるが、特に今回の福島第一原発事故に関する情報隠しについて、まとめてみたい。

核燃料のメルトダウン

（1） 1号機のメルトダウン

福島第一原発事故に関する情報隠しについて、何よりも問題とされるべきなのは、メルトダウンに関する情報の隠蔽である。

メルトダウンとは、圧力容器の中で、核燃料が溶けることである。核燃料は高熱を発しているが、通常時は、冷水を循環させることによって圧力容器の中の温度を一定に保ち、核燃料が溶融しないようにされている。

しかし、福島第一原発1号機においては、東日本大震災に伴う津波によって全電源が喪失され、冷却装置である非常用復水器（ＩＣ）の途中の配管弁が閉じてしまい、以降はほとんど機能しなくなり冷却水が循環しなくなった。

その結果、圧力容器は、空《から》だき状態になり、原子炉を解析する「ＳＡＭＰＳＯＮ」（１９９０年代にエネルギー総合工学研究所が開発）によれば、２０１１年3月11日22時に温度が２２００度にまで上昇した核燃料の一部が溶け始め、同日22時11分には溶けた核燃料は圧力容器を抜けて、格納容器へ落下しはじめたと推定されている（水谷仁『検証福島原発１０００日ドキュメント』ニュートンプレス、２０１４年、38頁）。同じく「ＳＡＭＰＳＯＮ」によれば、同様に冷却が上手くいかなくなったため、3月13日10時35分頃には3号機がメルトダウン、3月14日20時25分頃に2号機の核燃料もメルトダウンしたと推定されている（同42頁）。

では、東電及び原子力安全・保安院（以下、保安院）が福島第一原発の核燃料のメルトダウンを認めたのはいつか。東電が正式に認め、保安院がこれを追認したのは２０１１年5月12日。事故から2カ月も経過した後であった。

なぜ東電及び政府は、２カ月もの間、メルトダウンの事実を公表しなかったのか。東電及び政府は、メルトダウンの事実について認識していなかったのか。それとも事実認識を持ちながら、「あえて」情報を隠していたのだろうか。

（２）ＥＲＳＳによる予測結果

政府は、原子炉の状況や放射性物質の放射量など事故の進展状況を解析する「緊急時対策支援システム（ＥＲＳＳ＝Emergency Response Support System）」を所有している。このＥＲＳＳは、国が原子力災害応急対策を実施するに当たり、必要となる事故進展予測を支援するために、電気事業者（東電など）から送られてくる情報に基づき、事故の状態を監視し、専門的な知識データベースに基づいて事故の状態を判断し、その後の事故進展をコンピュータにより解析・予測するシステムとして開発された。

保安院は、全交流電源喪失を想定したＥＲＳＳの解析結果を基に、２号機については３月11日夜、同日午後10時50分には炉心が露出し、午後11時50分には燃料被覆管が破損、翌12日午前０時50分には炉心が溶融すると予測していた。そして、この予測結果は、11日午後10時30分に、菅総理に報告されていた。

保安院は、１号機については、12日午前３時前の時点で、同日午前３時９分に燃料被覆管が損傷し、同55分～午前４時７分に炉心が溶融するとの解析結果を得ていた。しかし、この解析結果は保安院に留め置かれ、官邸には送付されなかった。解析結果を官邸に送付しなかった理由について、保安院は、「この解析は前提となる情報が不十分だったため、事故進展予測には使っていない」と説明している。

さらに３号機についても、ＥＲＳＳの解析結果を基に、13日午前６時ごろには燃料被覆管が損傷し、午前８時過ぎには炉心が溶融するとの予測を行っていた。この予測結果は官邸に送付されたが、菅総理ら上層部に届いたどうかは「不明」である。

このような経緯があったにもかかわらず、５月２日付の共同通信の配信によると、保安院は、ＥＲＳＳについて原発の電源喪失でデータを測れなくなり、事故直後に機能不全となったと説明していたという。そして後日の記者会見でも保安院は同様の説明を行った。

しかし、ＥＲＳＳは事故直後に使用されており、菅首相にも報告され、政府によるベント（格納容器の蒸気を大気中へ放出すること）指示の根拠にもなっていた。

このような経緯が全面的に明らかになったのは、８月末から雑誌『ＡＥＲＡ』の記者などが独自の取材を基に記者会見で繰り返し追及したため、保安院が９月２日に情報を開示したからであった。

すなわち、政府は、遅くとも３月11日夜の時点で、ＥＲＳＳによる福島第一原発２号機の炉心溶融の予測を知っており、炉心溶融すなわちメルトダウンについて予見可能であったといえる。

（３）放射性物質テルル１３２の検出

また、原子力災害対策本部によるモニタリング調査の結果、３月12日午前８時39分から49分の間に、放射性物質テルル１３２が、福島第一原発から６㎞離れた福島県浪江町で検出されている。テルル１３２は、不安定な放射性物質とされ、半減期は３日である。半減期３日ということは、自然界には存在することがなく、ウラン２３５の連鎖的核分裂反応によって生み出される。テルル１３２は、運転中の原子炉の燃料棒の中で生まれ、通常はそれが燃料棒から漏れ出すことはないとされている。

ということは、テルル１３２の検出は、核燃料が１０００度以上になったことを示すもので、放射性物質が格納容器から外に出ていることを明らかにしているといえる。テルル１３２が検出された３月12日午前８時39分は、まだ１号機のベントが行われていない。１号機のベントを行うため、運転員が原子炉建屋に出発したのが９時４分であった。検出されたテルル１３２が、ベントにより放出されたものでないことは明らかである。

このように燃料棒がまさに溶融していたと考えられるにもかかわらず、原子力災害対策本部は、この３月11日から

15日までの間のモニタリング結果のうちの大部分を直ちに公表せず、そのほとんどを6月3日になって初めて公表した。

一方、保安院は結果の一部は直ちに公表した。3月14日に、保安院は地震被害情報として公表した中に、緊急時環境放射線モニタリングの実施により、テルルの分析結果について、左図のとおり公表している。

この「Te－132」と書かれたものがそうである。この測定結果によれば、2011年3月13日の午前8時から8時10分まで計測した結果、福島県原子力センター前でテルル132が1㎥あたり、1・7Bq（ベクレル）検出ということである。

しかし、この資料には、このテルル132が検出されたという事実の重要性、すなわち燃料棒の溶融を示す事実であることの説明は一切ない。それどころか、資料の中には単にこの表が示されているだけで、文章による説明は一切存在しないのである。これでは発表していないも同然である。

つまり、政府（少なくとも保安院）は、テルル132が検出され、すでにメルトダウンが発生している事実を認識しつつ、その事実を国民に説明しなかったということである。

3月13日の午前8時10分にテルル132が検出された直後に、福島第一原発がメルトダウンしている事実を公表していたら、一体どれだけの人々が無用な初期被曝を避けることができたのだろう。3月14日でも、政府からの情報開示が不十分な中で原子炉の様子が分からず、原発か

大気中ダスト・ヨウ素測定結果

（採取場所：福島県・原子力センター前）

3月13日

採取時刻	測定結果(Bq/m3)	備考
8:00～8:10		
Vol.1		
I-131	5.8	
I-132	N.D	
Cs-137	N.D	
Te-132	1.7	

緊急時環境放射線モニタリング実施（第22報）より

ら20㎞をはるかに上回る距離に位置していた浪江町津島地区では、炊き出しは引き続き外で行われ、子どもたちも外で遊んでいたという（朝日新聞『なぜ原子炉を冷やさなかったのか　活かされなかったＳＰＥＥＤＩ』朝日新聞社、２０１３年）。子どもたちは、メルトダウンをしていたことを知っていても、なお外の炊き出しに並ぼうとしただろうか、外で遊ぼうとしただろうか。親は子どもを外に出させたのだろうか。そもそも津島地区に留まっていただろうか。

メルトダウンに関する情報隠蔽は、多くの人々の生命・身体・健康といった重要な権利に対する重大な侵害をもたらしたことは明らかである。

SPEEDIの放射性物質拡散予測の結果

人々が、自らの生命・身体・健康へのリスクを知らないまま、適切な避難を自己決定できない状況へと追い込まれた原因は、メルトダウンに関する情報隠しだけではない。政府は、「緊急時迅速放射能影響予測ネットワークシステム」（ＳＰＥＥＤＩ＝System for Prediction of Environmental Emergency Dose Information）による予測結果も隠していた。

このＳＰＥＥＤＩは、原発などから大量の放射性物質が放出されたり、そのおそれがあるという緊急事態に、周辺環境における放射性物質の大気中濃度および被曝線量など環境への影響を、放出源情報、気象条件及び地形データを基に迅速に予測するシステム（要するに原発事故発生後に放射性物質の拡散予測を行うシステム）である。

ＳＰＥＥＤＩは、文部科学省が管理し、実際の運用は原子力安全技術センターが行っている。災害対策基本法に基づく防災基本計画により、緊急時の運用手順が「環境放射線モニタリング指針」に定められていた。

ＳＰＥＥＤＩは、予測結果を地図上に表示することで、一目で拡散の方向、放射性物質の濃度などが分かるようになっている。この予測結果を基にして、避難範囲や避難経路、甲状腺がんのリスクを軽減するための安定ヨウ素剤配布の方針などを決めることになっていた。

しかし、事故直後、政府はこのＳＰＥＥＤＩによる拡散予測を一切明らかにしなかった。その結果、何が起きたか。まず、政府が3月11日以降に出した避難指示は、本来ならば放射性物質の拡散予測、およびモニタリング結果に基づいて区域を設定するべきであった。しかし、ＳＰＥＥＤＩの放射性物質の拡散予測が政府内で共有されていなかったために、福島第一原発を中心とする同心円状での区域設定がなされてしまった。

ところが、ＳＰＥＥＤＩによる拡散予測及び政府のモニタリング結果によれば、放射性物質は福島第一原発を中心とする同心円状ではなく、同原発から発生した放射性物質は北西方向に向かって楕円形状に広がっていたことが明らかであった。

その結果、原発から半径20㎞圏外であっても、原発の北西に位置する地域では非常に高線量であったにもかかわらず、当該地域の住民に対しては避難指示が行われなかったのである。たとえば、福島県浪江町の赤宇木地区では、３月15日時点で３００μＳｖ（マイクロシーベルト）／ｈ以上の高線量が文科省のモニタリングカーにより計測されていたにもかかわらず、赤宇木地区は原発から半径20㎞圏外だったため、政府は、４月11日に計画的避難区域を発表するまで、政府は避難の指示を行わなかった。

原発から20㎞圏内の富岡町の遠藤勝也町長が平成23年3月14日夜ごろ、保安院の幹部に、さらに避難する必要がないか尋ねたところ、幹部は「今の20キロの避難は最大の避難態勢だから安心してほしい」と答えたという（朝日新聞前掲書）。

結局、ＳＰＥＥＤＩの予測結果が初めて公開されたのは3月23日であった。3月22日朝日新聞朝刊5面の記事を契機として、福島瑞穂参議院議員が国会質問し、翌23日にやっと原子力安全委員会がＳＰＥＥＤＩに基づく甲状腺の被曝線量を予測するデータを公開したのである。発表されたデータによると、3月12日午前6時から24日午前0時までの間に戸外で過ごし続けたと仮定した場合、原発から半径30㎞圏外でも飯舘村や南相馬市などでは甲状腺の被曝が１００ｍＳｖ（ミリシーベルト）を超える（1歳児の場合）と見込まれることが判明した。しかし、ＳＰＥＥＤＩのデータは多くが非公開のままであった。

その後、4月11日に原子力安全委員会が1年間の積算被曝線量の予測を発表した際、3月12日から4月5日までのSPEEDIによる推定値を参考にしているとし、基になったデータを明らかにした。

さらに共同通信が4月18日にSPEEDIの予測が2000回以上もなされていたことを報道し、4月25日に政府と東電の統合会見をするに至ってやっと2000回以上もなされたとされるSPEEDIの予測結果が発表されることとなり、26日未明に公開されるに至った。事故から46日後であった。SPEEDIの予測結果がもっと早く公表されていれば他所へ避難することのできた人間が、どれだけ無用な被曝をさせられたのであろうか。

なお、このSPEEDIについては、その後、原子力規制委員会は2015年度以降の予算を大幅に減額する方針を固めた。事故当時、SPEEDIの予測のもととなる放出源情報が得られず、放射線量を予測できなかったことが理由で、今後は予測ではなく、放射線量を実測するシステムを強化することになった。たしかに事故当時は津波や地震で炉心情報が得られないことから放出源情報が不明のままであり、放出源情報を1時間にBqと仮定した予測であった。保安院は、SPEEDIの予測結果を官邸に送る際に、仮定の放出源情報に基づく計算結果なので「信頼性が低い」と記載した補足資料も併せて送付したという（朝日新聞前掲書）。

しかし、SPEEDIの情報が全く使えないわけではなく、避難計画や避難経路を判断する際の一材料にはなる。実測値を計測すべきことはもちろん必要だが、実測値だけでなく、予測値も併用して避難計画や避難経路を判断した方が良いのは当然である。特に当該情報は放射線量という、住民の生命、身体、健康に関わる重要なものであり、判断材料は多い方が良いに決まっているし、単に経済コストのみで要否を判断すべきものでもない。しかも、SPEEDIの予測結果は、3月23日以前に政府は米軍に資料を提供していたという。なぜ米軍には提供して、我々国民には提供しなかったのか。

単位量放出に基づく予測だったからといって、直ちに公表しなかったことを容認することはできず、現に直ちに公開されていれば、少なくとも、放射性物質の少ないところから北西方向のより放射性物質の多いところに避難した多くの福島県民が受けた被害は防げた可能性が高い。政府事故調査・検討委員会も、放射性物質がサイトから北西方向に広がった3月15日から16日にかけて計算結果が公表されていれば、住民は放射能濃度の濃い北西方向に逃げないですみ、被曝は最小限に抑えられたと評価している。

3月12日早朝に津島地区の実家に避難してきた浪江町の高橋和重氏は、同日午後、避難指示は20km圏に拡大されたものの、津馬地区は20km圏よりも数km外側であったことから「安心して良いと思っていた」、「原発から自分が何km地点にいるのか」ということしか頭になかった、「線量の濃淡が分からなければ、決断のしようがない」という（朝日新聞前掲書）。これが当時のリアルな現場付近にいた住民の感覚である。南相馬市の対策本部にいた職員すら、「避難指示は距離による同心円だし、地形や風向きで放射性物質の飛散区域が異なるという知識も当時はなかった」と述べている（同前）。SPEEDIにより、放射性物質の拡散は原発から同心円状に広がるものではなく、地形や風向き等によって広がり方に濃淡があるということを知ることが出来ただけでも、自分や子どもたちの安全、避難方法について違った観点から考える機会が与えられたはずである。

SPEEDIの予測結果を直ちに公表しなかったことは、パニック防止という名の下に、多くの福島県民に対して、自身や子どもたちの生命・身体・健康について自己決定を行う機会を奪い、無用な被曝を強いたことが明らかであり許しがたい。

東京消防庁への情報提供の拒否

津波による電源喪失で冷却装置が作動しなくなった原子炉において、少しでも核燃料を冷却しようと、東京消防庁による外部からの原子炉への注水作業が行われた。自ら被曝することを厭わず、私たち市民のために注水作業に従事した東京消防庁職員らの行為は尊いものであるが、東電は、この注水作業においても東京消防庁に対して的確な情報提供を行わず、作業に協力しなかったと言っていい。

すなわち、注水作業の段取りを立てるためには、東京消防庁は東電から原発内部の図面を入手する必要があったが、東電はテロ対策に関わる最高機密だとして図面を提供せず、結局、図面は、検査にあたる予防部職員の機転で手に入ったとされる（毎日新聞連載２０１２年３月「国命の裏側で：東日本大震災・見えない敵との９日間」）。

また、現場の指揮本部は四角いテーブルが１つある通信車に置かれており、通信状態が悪く福島第一原発付近にいる部隊と交信できないことに現場は悩まされていたが、そのような場所に指揮本部を置かざるを得なかったのは、東電が原発敷地内の免震重要棟の存在を教えなかったからだとされる（同前）。

東電は決死の注水作業を行う東京消防庁にすら必要な情報を開示せず、消防関係者に不必要な被曝を強いたのである。また、東京消防庁に適切な情報開示を行わなかったことにより、作業がスムーズに進まず、それだけ事故の対応が遅れ、多くの住民に対しても無用な被曝を強いたといえる。

最悪シナリオメモの存在

２０１１年３月、菅首相は、原子力委員会の近藤駿介委員長に対し、福島第一原発事故が最悪の場合どのように進展しうるのか整理するよう指示した。その結果、近藤氏により作成されたのが「不測事態シナリオの素描」である。同資料によれば、最悪のシナリオは次のとおりだ。まず、最も古い１号機で炉心が溶融して水素爆発が発生する。注水も不可能になり、原子炉圧力容器を覆う格納容器も壊れて、大量の放射性物質が外部に放出される。福島第一原発内の放射線量があまりに高くなるため、東電が福島第一原発から全員撤退する。その結果、放棄された原発では、２、３号機の原子炉や４号機の使用済み核燃料プールの冷却が停止してしまう。次々と核燃料が溶融していき、高濃度の放射能がまき散らされていく。

この場合、最終的に政府は１７０㎞圏まで住民を強制移転させ、２５０㎞圏まで任意移転の地域が広がる可能性があった。250km圏内には、東京どころか、横浜市の一部まで含まれる。首都機能は完全に麻痺していただろう。

この最悪シナリオについては、大飯原発の運転差し止めを認めた判決で、樋口英昭裁判長が、「250kmという数字は緊急時に想定された数字にすぎないが、ただちに過大と判断できない」と一定の信頼性を認め、実際に判決では、原発から半径250kmという事故発生時の影響の大きさが差し止めの必要性を認める理由の1つになっており、原発から半径250km以内の住民には、原発により生命身体等の権利が侵害される「具体的な危険がある」と判断している。

しかし、この最悪シナリオメモが公表されたのは、2011年秋であった。私たちは事故当時、どれだけの危機に瀕していたのか知らされていなかったのである。自分たちが直面していた重大なリスクを知らされなかったのは、福島県民や近隣県民だけではない。東京を含む東日本の住民全てだったのだ。

海洋への汚染水の意図的放出の原因

事故発生以降、核燃料を冷却するため、東京消防庁などが協力して原子炉建屋に海水や淡水を継続的に注入した。緊急避難としてはやむをえない。しかし、これらの大量の水は、メルトダウンにより格納容器の底にたまった核燃料に多量に含まれている放射性物質が溶け出すことで、汚染水へと変わっていってしまった。2011年5月末の時点で、およそ10万トンもの汚染水が建屋の地下にたまっていたと推定されている（水谷前掲書、60頁）。

さらに、汚染水は建屋の地下だけに留まらず、4月2日には2号機の取水口付近で、5月11日には3号機の取水口付近で、汚染水が海へ流れ出していることが判明した。

東電が汚染水の海洋流出について発表したのは、4月2日の流出確認後であるが、実は3月26日頃から、福島第一原発の防波堤の外で放射性物質の濃度が急増しており、東京海洋大学の神田穣太教授は「4月1日から6日の流出量に匹敵する大量の放射性物質が、すでに3月末までに海へ流れだしていたと考えるのが妥当です」と話している（同前61頁）。

そのような中、東電は4月4日、タービン建屋に溜まった水があふれ出るおそれがあり、新たな貯水スペースを作るためなどと説明して、約1万トンの汚染水を集中廃棄物処理施設から意図的に海に放出する。

しかし、そもそも3月22日に1から4号機放水口南側で21日に採取した海水から原子炉等規制法が定める濃度限度の126・7倍に上る放射性ヨウ素の検出が発表され（当時、東電は空気中の放射性物質が降下したか、もしくは核燃料の冷却のため原子炉に注入した水が漏れた可能性があると説明していた）、3月24日には1～4号機のタービン建屋地下に高濃度の汚染水が溜まっているという発表があった時点で、多くの記者から、仮設タンクを設置する必要性などが指摘されていた。それでも東電は、「検討中」と繰り返すのみであった（日隅一雄・木野龍逸『検証 福島原発事故・記者会見』岩波書店、2012年、109頁）。

結局、東電は4月中旬、高濃度・中濃度の汚染水を貯めることができる仮設タンクについて業者と話し合い、5月1日から370基（約4万トン分）の製造を開始、6月3日から出荷が始まった。

もっとも4月4日の意図的な汚染水放出について、もし、作業員の大量被曝によりタービン建屋地下の汚染水が問題となった3月24日頃に高濃度汚染水用の仮設タンクの発注をはじめていれば、4月中旬にはある程度、タンク設置の目途がつき、4月4日の汚染水の意図的な放出は防げたのではないかという疑問が呈されている（日隅前掲書、119頁）。

この点については、4月3日と4日の意図的放出が行われる前の東電記者会見において、弁護士や記者から「いつ仮設タンクが必要と判断し、発注したのか」などと質問が相次いだが、東電は明確に答えなかった。

なお、事故発生から2014年1月末までに海洋に流出したセシウム137の合計量は、3・5～5PBq（ペタベクレル。1ペタベクレル＝1000兆Bq）程度だと推測されている（水谷前掲書、61頁）。一体どれだけの海洋資源が汚染され、どれだけの人々の健康が害されることになるのか。このような重大な事態を防ぐことはできなかったのか、東電は明らかにしていない。その影響は日本だけでなく海外にも及ぶが、日本人だけでなく環太平洋諸国の人々全員が、自分たちが直面している重大な健康リスクについて、その原因を知らされていないのである。

3月15日の福島第二原発への職員650名の撤退は隠されていた

東電は、3月15日午前8時30分過ぎに記者会見を行い、吉田薫広報部部長が「福島第一原子力発電所の職員の移動について」と題される文書を読み上げた。そこでは、「同作業に直接関わりのない協力企業作業員および当社職員を一時的に同発電所の安全な場所等へ移動を開始しました。」と記されており、あくまで福島第一原発内の動きとして、東電職員らが線量の低いエリアに移動したとする趣旨の説明をしている。

しかし、この時点では既に東電職員650名が、福島第一原発から福島第二原発へと移動しており、そのことについて東電側は、午前7時25分に吉田昌郎所長名で保安院に対して送信したＦＡＸ（東電の本店にもＦＡＸされている）において認識していたのである。

それにもかかわらず、東電は、午前8時30分過ぎの記者会見において、職員が福島第二原発へ移動していた事実について触れるどころか、福島第一原発内での移動であるかのような虚偽の情報を発表しているのである。

この点については、第3章で詳述するが、東電は、3月15日午前7時25分の時点において9割の職員が福島第一原発を離れ、福島第二原発へ移動し、もはや福島第一原発における迅速な事故対応が不可能となっていたこと、そして、最悪シナリオへ容易に陥りかねない危機に日本が瀕していたという全世界にとって重大な事実を隠蔽していたのである。

東電テレビ会議録画

3月12日15時36分、1号機の原子炉建屋が水素爆発したが、その原因として1号機のベントが遅れたことが挙げられている。

もっとも、国会事故調報告書で1号機の「ベントの必要性が認識されてから実施までの間に時間を要したのは、意思決定をちゅうちょしたためとは考えられない」として1号機のベントの遅れについては、事故後の経営陣のミスではないとする評価がなされており、当該部分についてはその根拠となる資料が不明確との批判がなされていた。

東電は、事故後に東電本店、福島第一原発、福島第二原発、柏崎刈羽原発、オフサイトセンターを結んでいたテレビ会議システムを利用して、事故の対応を協議してきた。1号機のベントに関する国会事故調の判断の根拠となる資料が、このテレビ会議システムの録画データにあると考えられたが、東電は公開を拒否していた。

1号機のベント以外の点についても、このテレビ会議の録画データは、事故対応の状況や東電幹部の事故に対する認識を解明し、事故の実相を明らかにするため重要として公開が望まれてきたが、東電は公開を拒否していた。

２０１２年6月29日、東電の歴代経営者に対して福島第一原発事故に関する法的責任を追及する東電株主代表訴訟において、原告らは、この録画の証拠保全を申立てた。東電は、テレビ会議映像の公開を徹底して拒んだが、この問題がマスコミでも広く報道され、枝野経済産業省大臣が公開を指示したことなどによって、２０１２年8月に報道機関だけに対して、一部のテレビ会議録画の音声・映像をピー音・モザイク入りではあるが公開した。

朝日新聞記者である宮崎知己と木村英昭は、東電が報道関係者向けに公開した3月12日から15日までの録画映像を、東電に通い詰めて文字に起こし『福島原発事故 東電テレビ会議49時間の記録』を２０１３年9月に出版した。

テレビ会議録画は事故の発生原因、メルトダウンに至る経緯、原発事故への対処などに関して貴重な手がかりとなるものであり、すべてが市民に公開されるべきものである。

東電は重要な事実を数多く隠していた。事故対応は極めて不十分なものであった。中央制御室の計器を読み取るために必要なバッテリーをホームセンターに買いに走ろうとするものの、お金がなくてかき集めていた。原子炉に注水するための消防車の燃料（軽油）調達に苦労し、ガソリンさえも底をついていた。人手も工具もなくベントに必要な作業がすぐにできなかった。また、東電が早い段階でメルトダウンを認識していたことも、テレビ会議の発言からわかるのである。もっとも、先の国会事故調の判断の根拠とされる部分は、映像だけが公開され、音声は存在しないとされる箇所にあたり、結局真相は不明なままである。このように、事故対応の重要点について、正確な情報が得られていないのである。

特定秘密保護法でさらなる情報隠しを正当化させないために

以上のような東電及び政府による原発事故に関する情報隠蔽の事実に対して、私たちはどうすれば良いのか。

２０１３年11月21日、健康への権利に関する国連特別報告者であるアナンド・グローバー氏は、日本の特定秘密保護法案の国会審議を受けて、「特に災害に関しては、市民が継続的かつ迅速に情報の提供をうけることは必要不可欠である。それによって、市民が健康に関して正確な判断が下せるからである」として、特定秘密保護法によってテロ対策に関連するとして原発事故関連情報についても特定秘密として指定されてしまい、その結果、市民が健康に関して適切な判断をできなくなってしまう事態が生じることについて懸念を表明した。

私たちは、福島第一原発事故に関する情報隠蔽の実態を知って、このような懸念が決して杞憂ではないことをまず認識しなければならない。

この点、原子力規制庁は、２０１４年12月８日、指定の要件を充たさないとして、核物質防護に関する情報、核不拡散に関する情報、その他テロリズムの防止に関する情報について、特定秘密保護法による「特定秘密」に指定しないことを明言している。

しかし、そのような宣言をしているのは原子力規制庁のみである。

私たちは、福島第一原発事故の真相を解明し、二度と同じような事故が起きないようにするため、また、同じような過酷事故が将来発生した場合に今回のような情報隠蔽が行われないように、原子力規制庁だけでなく、他の全ての省庁に対しても、原発事故に関する情報については特定秘密にしないことを約束させる必要がある。

また、吉田調書や771名分のヒアリング記録などの福島第一原発事故に関する情報については、積極的に開示を求め、政府の情報は国民のものであるという原則を日本社会に根付かせていく必要がある。

我々、原発事故情報公開弁護団は、引き続きそのための闘いを継続していく。

［特別寄稿］吉田調書報道はなぜ葬られたか

山田 厚史

記事を取り消すということは、新聞報道にとって致命的な出来事だ。明らかな誤報、意図的な捏造に限られる、というのがこれまでの目安だった。「吉田調書報道を取り消します」という朝日新聞の措置は、どう見てもこの目安に合致しない。なぜこんなことになったのか。ひとことで言えば「危機管理」のために記事を取り消したのである。窮地に立った経営者が第一線の精華と言うべき記者を「生贄」として差し出した、ともいえる。新聞社が外からの圧力に屈した悪しき前例が出来てしまった。日本報道史に汚点となって残るだろう。

吉田調書を報じた２０１４年5月20日の記事は、誤報でも捏造でもない。「評価が分かれる記事」である。「原発事故に必死に取り組む現場の人たちに冷たい記事だ」と非難する人がいる。その一方で「原発で事故が起きたら人や組織はいかに無力かを示した記事だ」と評価する人もいる。「非公開を前提に話した調書が公開されるのでは、真実を明かす人はいなくなる」という意見もあれば「隠された情報を明らかにした功績は大きい」という見方もある。

新聞報道はバランスが大事、といわれる。対立した意見があるなら両者の見方をきちんと載せることが必要、とも言われる。もっともな主張に聞こえるが、一面の真実でしかない。物事は「あれか、これか」という単純なものではない。反対もあれば賛成もある。その中間という立場や、条件付き賛成、部分的な反対というのもある。見方は人の数だけある、といってもいい。多様な見方を丁寧に紹介する記事があってもいいが、すべての記事にそれを求めるのは現実的ではない。記事の行数はおのずと制限があり、細大漏らさず書けるわけでない。

新聞は、一本の記事だけ取り出してバランスを語るのは難しい媒体なのだ。

森や草原は密生や混在がありながら、姿かたちの違う草木が全体でバランスを保っている。動物も食物連鎖の中で多様な種が棲み分けている。記事の多様性は、生物の多様性と似ている。一本だけ取り出せば一面的であっても、紙面構成や継続的な報道の中で全体を読み取る構造になっている。視点の多様性は流れの中で確保されるものだ。朝日新聞だけで完結しない。東京新聞や産経新聞もあって、メディアの多様性が確保され、全体のバランスが取れる。それが報道の民主主義ではないのか。

慰安婦報道に始まった朝日新聞叩きは、「朝日を廃刊に」という攻撃にまでなった。偏向している、日本と日本人を貶める、だから朝日は正しくない、という理屈である。

新聞に「正しさ」を求めるのは、これも一見正しいように聞こえるが、危険なことではないのか。例えば従軍慰安婦に強制性があったか、軍の組織的な関与はあったか、などを巡る論争で、自分たちの主張が「正しい」として「正しくない」主張を反日・売国と決めつけ「廃刊にせよ」と叫ぶ。

事実の見立てや解釈に「正しさ」を求めることは、多様な視点を認めない「排除の論理」につながりかねない。聞きたくない意見は無くなれ、という不寛容な気分が日本の右傾化で勢いづいている。

吉田調書報道への攻撃はこうした流れの中で起きた。朝日の報道は、吉田調書から何が読み取れるかを記事にしたものだ。単なる吉田調書の中味の紹介ではない。秘密扱いされ公開されない資料にあった重要な事実を、これまでの取材に重ねて記事にしたものだ。制御不能になった原発を前に、命がけの作業は現場を混乱させ、所長の指示・命令も徹底せず、必要な人員さえ確保できない事態が起きかねない。そんな問題点を、調書をもとに描き出した。

私は新聞記事に求められる最大の使命は、「問題提起」だと思う。吉田調書報道は、堂々たる問題提起である。新聞が果たすべき役割は、問題を掘り出し「みなさん、このことをどう考えますか」と提起することではないか。メディア論でアジェンダ・セッティングと呼ばれる機能だ。

記者の力量が問われる。研ぎ澄ました感性と事実を突き詰める取材力が欠かせない。吉田調書を報じた一人の記者は、事故後の記者会見に忙殺される「記者クラブ記者」だった。デジタル委員でもあった、もう一人の記者も経済部時代は東電を担当し、経団連にある「エネルギー記者会」に所属していた。二人は3・11直後から東電本店に詰め、会見をつぶさに取材しながら、現場で何が起きていたのか本当のことを知ろうと動き回り、東電のテレビ会議に事態の解明に欠かせない事実がたくさんあることに気付いた。特報部で「プロメテウスの罠」のデスクと担当筆者でもあったこの二名の記者は、テレビ会議で明らかになった事実を整理し会見で語られたことと照合し、欠落する部分を取材で埋める作業を続けた。地味な作業の中から、吉田調書の存在にたどり着いた。

福島で起きた3月14日から15日にかけての事態は、東日本を壊滅させるかもしれない危機的状況だった。東電本社では作業員の撤退が計画され、これを知った菅直人首相が早朝に東電の本店に駆けつける事態になっていた。日本の命運が掛かったこの時間帯を記録した東電のテレビ会議の記録から、なぜか音声が消えていた。

機器の不具合か、操作の誤りか、意図的な消去か、明らかではない。緊迫する場面なのに現場と本社のやり取りが無声映画のようになっていたのである。現場で起きた事実を確認する証拠の欠落部分を埋める貴重な手立てが吉田調書だった。

朝日新聞が特ダネとして報じた2カ月後、産経新聞が「独自に入手した」として報じた吉田調書の記事は、同じ素材を扱いながら紙面から受ける印象は全く違った。

朝日は、所長の命令に反して、所員の9割が現場から離脱した混乱に力点を置いた。産経は所員の行動を「それでよかった」と肯定した吉田所長の発言を前面に出し、命令違反や撤退ではないと強調した。

先にも書いたように朝日の記事は吉田調書に書かれていることの紹介ではない。取材で積み上げた事実と調書にある発言を重ね合わせ、3月15日に何が起きたのかを描いたものだ。産経の記事は、吉田所長の発言を抜粋し、朝日の報道を否定することに力点が置かれた。

知りたいことは過酷事故の現場はどうだったのか、である。混乱して危機一髪だったのか、所員は奮闘して頑張ったのか。印象の違う記事で読者の間でも、「どちらが正しいのか」という戸惑いがあっただろう。

茶筒は上から見れば円形だが、横から見れば長方形。どちらが「正しい」というものでもない。視点を変えれば見え方は変わる。だから多様なメディアが必要なのだ。様々な観点が提供されて、全体の認識が深まっていく。異なる視点を排除すれば、社会全体の認識は薄っぺらになる。

朝日新聞の経営者なら、そのあたりのことはわかっているはずだ。ところが社長は9月11日の記者会見で「誤報」と認め、記事を取り消した。この対応こそ誤りだった。

「命令違反で撤退」という表現が、所長の命令を知りながら現場の作業員が逃げ出したかのような印象を与える「間違った表現」として、東電社員と読者に謝罪したのだ。取材記者が、命令違反と思い込んで、十分な取材をしないまま記事にしたのを周囲がチェックできなかった、というのである。

退職したとはいえ、自分が働いていた会社が追及される会見に出るのは居心地悪いものだ。だが、それ以上に違和感を感じたのは、経営者が責任をとる理由がなぜ吉田調書なのか、ということだった。

朝日が矢面に立った理由は、従軍慰安婦を巡る「誤報」だった。27年前に記事にした吉田清治という人物の証言がウソだったと朝日が認め、この記事を取り消したことが発端だった。この対応のまずさを批判した池上彰さんのコラムが上層部の判断でボツにされた。経営者が責任を取るなら慰安婦問題を巡るこの二つの判断ミスであるはずだった。「記者の思い込み」で起きた誤報の責任をとる、というのは明らかに問題のすり替えである。

後に慰安婦報道の検証を行った第三者委員会は、二つの判断ミスについて、危機管理を重視し編集の独立性に配慮を欠いた社長ら経営陣の誤りだと指摘した。慰安婦検証報道で謝罪の必要なしとしたことも、池上コラム不掲載も社長の判断だった、という。

この二つの誤りで責任を取るなら、社長本人の引責は避けられない。しかし切羽詰まった状況で保身が働いたのか、最高責任者は、自分が関与しなかった吉田調書報道を前面に立て、世間に詫びた。

二重遭難ともいえる判断ミスである。「記事の取り消し」に相当する誤報か、という冷静な検討より「ここで頭を下げないと経営が大変なことになる」と経営者は浮足立っていたようだ。報道機関の命ともいえる信用に傷を負い、購読中止が相次いだ。広告を手控える企業も出てきた。新聞販売店、広告スポンサー、朝日新聞が経営するビルのテナントなどに組織的とも思える嫌がらせの電話・メールが入る。新聞購読の基盤ともいえる購読世帯の減少、紙媒体から離れる若者。部数減が経営の屋台骨を揺るがす中で、収益を補完する不動産ビジネスまで影響が及ぶことを心配した。「危機管理」といえば聞えはいいが、うろたえた経営者が取材現場を切った。報道機関の自殺に等しい過ちである。

「初めから結論があって、シナリオに都合のいい材料を集めて記事にしている」。こうしたメディア批判が世に充満している。傾聴に値する議論ではある。経営が苦しくなればなるほど、制約された時間・経費・人数で紙面や番組を作らなければならない。お手軽な取材がなされることもあるだろう。読者受けする見出しが先にある記事もないとはいえない。だが厳しい経営であっても記事の質を確保するのが編集部門の仕事であり、経営者がこころを砕く報道機関の使命はここにある。

だからこそ朝日新聞は特別報道部を設け、調査報道に力を入れてきた。優秀な記者を集め、時間とカネをかけて読み応えのある記事を世に送り出す。「皆で考えたいこと」を世間に投げかけるのが調査報道の仕事である。

シナリオが先にあるお手軽な記事は読みごたえがない。見出しにつられて読んでみてもガッカリするだけだ。デスクや記者がシナリオを書けるような話は、すでに世の中に出回っているニュースでしかない。

確かに取材にはシナリオがある。仮説と表現するのが適切かもしれない。仮説に沿って事実を集めているうちに、どうも違う、と壁に当たる。集めた素材を吟味し、並べなおしてみると、違った仮説が浮かんでくる。作業を重ねるうちに「そうか、こういうことか」という新たなシナリオが見えてくる。取材とは仮説の破壊と再構築であり、その驚きがニュースなのだ。それだけの時間と手間がかかる。

吉田調書のスクープは、日常の記者会見や発表の中から、記者が感じた違和感から始まった。東電のテレビ会議の映像をすべて見たうえで、関係者を取材し、誰も見ないような公開資料を丹念に調べた結果、3月15日の出来事の輪郭が見えてきた。吉田調書はその裏付けに過ぎない。

轟轟たる朝日批判の背景には思潮の対立がある。朝日新聞的な報道を面白くない人たちがいる。慰安婦に象徴される歴史認識をめぐる考えの違いは分かりやすい対立だ。原発をどう考えるか、これも今の時代で明確な対立点になっている。

朝日新聞は戦後民主主義の否定につながる論調には組みしない。原発の再稼働には慎重だ。原発安全神話を支えてきた政官財学＋メディアの「原子力ムラ」への反省もある。

右バネを働かせて政権に就いた安倍首相は、自主憲法の制定は自民党結党からの悲願だという。朝日新聞の論調が面白くない人の一人であることは、国会答弁にもにじみ出ている。選挙制度の歪みも手伝って、与党は国会で安定多数を握る。憲法改正に障害があるとすれば世論である。野党は弱体化し、自民党内にライバルはいない。メディア対策が政権の重要課題になっている。

メディアの翼賛化が静かに進んでいる。与党メディアと呼ばれるほど、政権に寄り添う論調の新聞が目立ってきた。明日発表されるニュースを今日書く。そんな記者が優秀とされるメディアの風土は権力者に都合がいい。政権は最大の情報タンクであり、リークでメディアを操作できる。

ジャーナリストの国際組織である「国境なき記者団」が発表した2015年報道の自由ランキングで、日本は61位だった。メディアに権力との距離感が希薄であることがランキングを落としている。

だからこそ記者クラブに依存しない調査報道が大事なのだ。権力への密着取材で育った政治記者が社長になる新聞社が日本には少なくない。そんな風土でどこまで権力と対峙できるのか。野に放たれコツコツと事実を集め、権力に不都合なことでも問題提起する。調査報道に力を入れることこそ新聞が生き残る道ではないのか。

吉田調書報道がなぜ葬られたか。きちんと検証することがメディアの現況を見直し、再出発の起点になる。

第2章　原発情報はいかに隠蔽されてきたか

海渡双葉

原子力の研究、開発、利用については、民主、自主、公開という原子力三原則が存在し、原子力基本法2条にも定められているところである。しかし、この公開の原則とは裏腹に、原発情報の多くは秘密のベールに包まれてきた。そのため、原発の問題に取り組む上では、まずは情報入手が不可欠であり、必然的に、隠された原発情報を暴くことが必要となってくるのである。

本章では、原発情報に関して、これまで、どのような情報が隠され、秘密とされてきたのかを明らかにしていきたい。

核燃料サイクルをめぐる情報隠し

(1) 国策としての位置づけ

軽水炉の原発では、鉱山などで採掘した天然資源のウランを濃縮して燃料とするのに対して、高速増殖炉では、使用済み核燃料から取り出されたプルトニウムを燃料にし、発電すると同時に、さらに多くのプルトニウムを生み出す。このように使用済み核燃料を再処理して原発の燃料として再使用していく循環のシステムが、「核燃料サイクル」である。理論上は、少ない資源で無限にエネルギーを生み出す、夢のエネルギーであると宣伝された。ただし、高速増殖炉の技術は未完成であり、現在に至るまで実用化の目途が立っていない。

資源小国であり、エネルギー枯渇の不安を抱えた日本は、この高速増殖炉を中心とした核燃料サイクルを国策と位置づけ、多額の税金を投じて開発を進めてきた。しかし、この核となるプルトニウムは核爆弾の材料ともなるため、高速増殖炉や再処理施設に関しては、特に安全保障との関連で秘密が多いのが特徴である。

そこで、まずは核燃料サイクルをめぐる情報隠しについて明らかにしていくこととする。

（2）高速増殖炉「もんじゅ」のナトリウム漏れ事故

1995年12月、高速増殖炉原型炉「もんじゅ」において、二次冷却系の配管からナトリウムが漏れて火災となる事故が発生した。

もんじゅの発電開始から、わずか4カ月後に発生したナトリウム漏れ事故は、その事故自体の深刻さに加えて、動燃（動力炉・核燃料開発事業団、当時）の隠蔽体質を明らかにしていった。動燃は、この事故の深刻さを隠すため、事故直後に現場を撮影したビデオを隠したのである。

当初、動燃は、事故翌日の午後4時に撮影したビデオ（「16時ビデオ」と呼ばれる）を公表した。しかしながら、これは計15分ほどのものを1分間に編集したものであることが発覚した。その後、動燃は「16時ビデオ」を4分間に編集したビデオを、オリジナルであるとして公開したが、この嘘も明らかとなり、ようやくオリジナルが公開された。

さらに、科学技術庁（当時、以下同）の立ち入り検査で、事故直後の午前2時に現場に入った職員が撮影したビデオ（「2時ビデオ」と呼ばれる）が存在することが発覚した。これにより、午前10時に初めて立ち入ったと科学技術庁への事故報告書に書いていたことが虚偽であることも判明した。

動燃は、本社は「2時ビデオ」の存在を知らなかったと説明したが、その後の内部調査により、現場職員の証言により、「2時ビデオ」が撮影直後に動燃本社に届けられていたことも判明した。

動燃の異常なまでの隠蔽体質に対して、強い批判が寄せられた。(1)

（3）イギリスの高速増殖炉の細管破断事故

1987年2月、イギリスの高速増殖炉原型炉PFRは、蒸気発生器伝熱管1本が破断し、それが次々と周囲の細管へと伝播し、わずか10秒間に合計40本が破断するという事故を起こした。

この事故の衝撃的な点は、細管破断の伝播の規模の大きさである。欧州では事故想定の見直しが検討され、米国ではＮＲＣ（原子力規制委員会）が新型高速増殖炉の安全評価に関し、少なくとも蒸気発生器細管40本以上の破断を想定することを求める見解を出した。

「もんじゅ」の安全審査では、伝熱管１本の破断が細管３本の破断へ波及することを想定して影響を評価し、１９８３年に国の安全審査を合格していた。しかし、破断本数が10倍という、想定を大幅に上回る深刻な事故が、実際に起こったのである。

しかしながら、日本においては、このＰＦＲ事故の発生は公表されず、黙殺された。三大日刊新聞だけでなく、原子力に関する業界誌、学会誌、政府の『原子力白書』のいずれにも、この事故の記述はなかったのである。(2)

そのため、安全審査の事故評価の見直しはなされず、設計変更や対策も講じられなかった。教訓を生かそうという姿勢が欠落していると言わざるを得ない。

（4）隠されていた伝熱管破損伝播実験

ＰＦＲ事故を機に、さらに驚くべきことも発覚した。

京都大学原子炉実験所の小林圭二氏は、１９９８年、ＰＦＲ事故に関する動燃の技術者らの海外出張報告が存在することを突き止めた。そこで、もんじゅ訴訟弁護団が国会議員を通じて科学技術庁にこの報告書の開示を要請した。この文書により、動燃が１９８１年に行った実験で、細管54本のうち25本が高温ラプチャ（蒸気発生器細管が破損して、ナトリウムと水の反応により生じた高温のために、その細管に隣接する細管が破損するメカニズムをいう）により伝播して破断するという結果が出ていたことが判明した。

動燃は、安全審査中に実施した実験で、安全審査での想定を上回る実験結果を得ていたにもかかわらず、これを秘匿し続けていたのである。なお、この実験結果は、安全審査を担当する科学技術庁に情報提供されたのは１９９４年になってからであり、原子力安全委員会に報告されたのは何と１９９８年になってからである。(3)

（5）再処理施設の安全審査資料や検証をめぐって

青森県上北郡六ヶ所村にある日本原燃の六ヶ所再処理工場については、２０１５年2月現在、再処理施設の指定処分の取消しを求める訴訟が、青森地方裁判所に係属中である。

この裁判において、被告の国は、六ヶ所再処理工場の安全審査の1次審査資料について、「保管されていない」として提出を拒んでいる[4]。安全審査資料が作成されないということは考えられないから、作成されたものを廃棄したという趣旨と考えられるが、訴訟対象となっている案件で、審査の過程で作成された資料を廃棄するというのはあまりにも不自然である。

また、この裁判の検証については、被告の国が、核防護の観点からプルトニウム関連設備は出入口も秘密であることや、フランスやイギリスからの導入技術が含まれるためその国の政府と外交交渉が必要であることなどを主張して抵抗し、工場の主要工程はほとんど対象から外され、原告が立会いなしの、裁判所のインカメラ手続での異例の検証が実施された。

電力会社での情報隠し

（1）東京電力の原発トラブル隠し

２００2年8月、東京電力が、福島第一原発、福島第二原発、新潟の柏崎刈羽原発の計13基について、１９８０年代後半から90年代前半にかけての自主点検記録をごまかし、ひび割れなど29件ものトラブルを隠していたと、保安院が会見で発表した。対象のほとんどが原子炉内の機器であり、原子炉内の水流を調節する円筒形の大型機器シュラウド（炉心隔壁）などにひび割れなどがあったのに、記録を意図的に改ざんしていたのである。

東電のトラブル隠しが明らかになったきっかけは、２０００年に当時の通産省に届いた内部告発であったという。

このトラブル隠しが発覚したことで、東電の当時の南直哉社長らは引責辞任をするに至った。

（2）制御棒落下事故

1999年に北陸電力の志賀原発1号機において、臨界事故が発生した。志賀1号機は、沸騰水型の原子炉であり、原子炉圧力容器の底から押し上げて制御棒を入れるという構造であるが、バルブの操作を誤ったため制御棒が落下し、臨界事故が発生したのである。原子炉の停止中において想定外の臨界となったという極めて深刻な事態と言えよう。しかし、この事故の発生については、長年、国に報告されず、隠され続け、2007年になってようやく公表されるに至った。

あまりに情報公表が遅く、重大事故を隠し続けた北陸電力には、原発を扱う資格はないと言わざるを得ない。

（3）耐震設計データの計算のごまかし

東芝の子会社の日本原子力事業株式会社において働き、中部電力の浜岡原発の2号機などの設計を担当した技術者の谷口雅春氏は、2005年に内部告発をし、浜岡原発2号機の耐震設計データの改ざんが明らかとなった。谷口氏は、1972年に耐震設計計算担当者から振動解析の結果を聞かされ「浜岡2号炉の耐震計算結果は地震に耐えられなかった」「建屋と圧力容器について、いろいろ耐震補強の工夫をしてみたが、空間が狭すぎてうまく行かないので諦めた」と言われた。計算担当者は、対策として、岩盤の強度を測定し直したら強かったことにする、核燃料の固有振動数を実験値ではなく米ＧＥ（General Electric）社の推奨値を使用する、建屋の建築材料の粘度を大きくとることとしたという(5)。

耐震設計データの計算をごまかし、耐震計算結果が基準を満たしているかのように装ったのである。

（4）使用前検査の実験結果の秘匿

原子力安全基盤機構において、原発の安全の検査に従事してきた藤原節男氏は、２００９年に上司から検査記録の改ざんを命じられ、これを拒否したことから、嘱託雇用を拒否されて仕事を失った。

北海道電力の泊《とまり》原発3号機の使用前検査の際、減速材温度係数測定の検査で、最初の検査では係数が「負」になるべきところが「正」になってしまった。翌日に検査をし直すと係数は「負」となったが、グループ長は「このままの検査結果を保安院に報告すると、1日目は不合格、2日目は合格になる。検査不合格の後に合格したことになると今後の議論を呼ぶ」などと話して、不都合な1日目のデータをもみ消そうとしたという。(6)

減速材温度係数測定は、基本的な検査であり、係数が「正」のまま運転することは臨界事故につながりかねない危険なことである。そのような検査の不合格が前日にあったという重要な事実について、保安院への報告をもみ消そうというのだから、その隠蔽体質は深刻である。

「企業秘密」を理由とする文書提出命令の却下

（1）裁判所の文書提出命令

裁判所は、文書提出命令を出すことで、国や電力会社に対し、資料の提出を求めることができる。圧倒的に被告側に資料が偏在する原発訴訟においては、文書提出命令を活用していくことが必要であろう。しかし、原発に関する訴訟において、文書提出命令を却下するという及び腰の判断が出されることもあるというのが現実である。

例えば、浜岡原発運転差止裁判において、静岡地裁とその抗告審である東京高裁での文書提出命令の判断の違いを見てみよう。

（2）静岡地裁決定

静岡地裁は、２００5年3月16日、東海地震による原発震災を未然に防ぐための耐震設計の計算書のうち、黒塗りにマスキングされていた部分について、中部電力に対して文書提出命令を出した。

被告の中部電力は、それまで原告側に一部は開示していたものの、マスキング（黒塗り）が膨大であり、一部がマスキングされている結果、内容の検討ができないものだけでなく、全体がマスキングされているために何がマスキングされているか不明なものもあった。重要と思われる計算データは「企業秘密」、「技術ノウハウ」として、提出を拒んでいた。

静岡地裁は、決定文において、「ひとたび原子力発電所に重大な事故が発生したときは、当該地域を超えて広い範囲に甚大な被害が及ぶ可能性があることに照らせば、原子力発電所の安全性の確保は、単に中立人らや、これを稼働させている相手方の利害に関する事項というにとどまらず、社会共通の要請であり利益である」とし、「本件技術ノウハウは、それらが公開された場合、当該技術の有する社会的価値が下落し、これによる活動が困難になるもの又は当該技術を保持する企業に深刻な影響を与え、以後その活動が困難になるものとは認めることはできず、『技術又は職業の秘密』に該当するとはみとめられない」とした。

原発の安全性確保という社会共通の要請と、文書の重要性を直視した判断であったと言えよう。

（3）東京高裁決定

しかし、東京高裁は、２００6年3月15日、この静岡地裁の決定を覆し、重要な計算経路について、「技術又は職業の秘密」に該当するとして、文書提出命令を却下してしまった。

東京高裁は、全体がマスキングされていているものについても、「この計算コードは多大な投資と長年の歳月を掛けて開発されたものであって、公開された場合には、当社が当該機器の設計、製造及び保全工事をすることが可能となる情報の一部を対価なしで取得することができ、公正な競争が失われるおそれがある」などとして、被告の主張をそのまま容れて、マスキングを正当化した。こうした企業秘密や技術ノウハウを守ることに終始した判断により、耐震設計に関する重要な計算までマスキングにより秘密とされてしまった。

また、原告は、秘密として保護に値するかどうかは、秘密が公表されることによって秘密保持者が受ける不利益と、非開示によって受ける真実発見や裁判の公正についての不利益とを比較衡量するべきと主張していた。しかし、東京高裁は、抗告審は「文書提出義務の有無に限って不服申立てを認めたもの」として、「文書の証拠としての必要性、重要性を比較衡量することはできない」としてしまった。

これでは、地裁が文書提出命令をしても、秘密にしたい電力会社が抵抗して高裁に抗告すれば、高裁は比較衡量ができず、どんなに文書の必要性、重要性が高くても、「技術又は職業の秘密」という壁により秘密とすることが認められてしまう。東京高裁は、原発の安全性確保に関する重要な情報を秘密とすることに、加担してしまったものと評価せざるを得ない。

原子力ムラの裏工作

(1) 動燃の「K機関」

先述した高速増殖炉「もんじゅ」のナトリウム漏れ事故における動燃のビデオ隠し問題をめぐり、当時、動燃の総務部次長であった西村成生氏は、内部調査を命じられ、科学技術庁で記者会見に臨み、ビデオ隠しに動燃本社の幹部が関与していたことを発表したが、その翌日に宿泊先のホテルの非常階段の下で変死体として発見された。

この西村氏が仕事上作成・入手した資料が、遺族のもとで保管されていた。段ボール箱7箱分にもなる膨大な量の資料であり、会議の出席者や発言者などが逐一書き込まれたノート類や、メモ書き、ファックスなどのほか、「取扱注意」「㊙」「厳秘」などの印が押された重要書類もあるという[7]。詳しくは、今西憲之ほか著『機密ファイルが暴く闇　原子カムラの陰謀』（朝日新聞出版、２０１３年）を参照して頂きたい。

この「西村ファイル」の中でも目を引くのが、「Ｋ機関」という裏工作部隊の資料である。

岡山県にある動燃の人形峠事業所にて、１９９１年、回収ウランを持ち込み、再濃縮して加工する計画が持ち上がった。回収ウランとは、使用済み核燃料を再処理してウランを取り出すことを言い、核燃料サイクルの一環となる。しかし、この回収ウラン構想に対して、地元で反発が広がり、反対署名活動が展開されていた。

「西村ファイル」には、１９９２年2月20日付けの「Ｋ機関特務隊のアクションプログラム　第1案」というタイトルの資料があり、作成者は、当時、動燃本社の核燃料サイクル技術開発部の幹部であった人物である。

この資料には、Ｋ機関の活動ネットワークの構築として、「中小信用金庫等　財界ラインの利用　笹川系ドン〇〇氏（原文は実名）を動かす。」、「ＪＣ（青年会議所）ラインの利用　Ｋ機関で確保しているタレントとの会議を企画し、洗脳する。」、「婦人ラインの対応　Ｋ機関のチャンネルで実施。」（カッコ内引用者）などが記載され、有力者やタレントを利用した裏工作を計画していたようである。

また、「マスコミ対応　①Ｋ機関タレントを利用　Ｋ機関で所掌しているタレントとの会食を通じて洗脳。広義な話題を提供し、問題を希釈させる。」、「大希釈剤の投入　以下の研究を鳴り物入りで開始　①超伝導エレベータ、②防雷研究、③地中スーパーバグ（微生物）の活用」などとも記載されており、回収ウランの問題から目をそらさせ、問題を希釈するため、新しい研究事業を誘致するという計画がうかがえる。

さらに、「アクションプログラム骨子」というタイトルの資料には、具体的な工作内容と、その進捗状況が記載されている。例えば、「県内78市町の回収ウラン反対決議阻止――継続」、「78市町村への試験内容説明と反対派主張の論理の矛盾説明――済」、「ピンポイント説得……各議会自民系オピニオンリーダーへの理解促進策――企画中」、「岡山に支店を持つ動燃の取引会社への協力要請――済」などである。

このほか、社内の指示文書では、地元紙への投書投稿のポイントがまとめられ、このやらせ投書について「各課３

通作成」などノルマが課せられていたことが記載されていたという。[8] また、「西村ファイル」によると、選挙で特定候補を支援するために、「選挙対応組織表」や「動燃従業員及び配偶者の選挙区別有権者数一覧表」などの票読みの資料も作成されていた。[9] これらの裏工作は組織的かつ計画的に行われていたことがわかる。

（2）九州電力のやらせメール事件

２０１１年、九州電力の運転停止中の玄海原発2、3号機の再稼働に関し、経済産業省が佐賀県民向けの説明会を開いた際に、九州電力の原子力発電本部の課長級の社員が、本社、事業所、子会社4社の担当者に対して、一般市民を装って再稼働を支持する文言のメールを送るよう依頼していたことが発覚した。いわゆる「やらせメール」の依頼である。

この依頼メールは、「【ご依頼】国主催の佐賀県民向け説明会へのネット参加について」で始まり、「本件については、我々のみならず協力会社におかれましても、極めて重大な関心事であることから、万難を排してその対応に当たることが重要と考えております。つきましては、各位他関係者に対して、説明会開催についてご周知いただくとともに、可能な範囲で、当日ネット参加へのご協力をご依頼いただきますよう、御願い致します。」などと記載されており、[10] 送付先の担当者から、関係者に対して周知し、ネット参加に協力を呼びかける内容になっている。

この依頼に基づいて、生中継での説明会には多数のメールが寄せられ、再稼動賛成派が反対派を上回った。

このやらせメール事件は、内部告発により発覚し、国会質疑後、社長が事実を認めて謝罪した。その後、九州電力は社内調査報告書を公表し、副社長から原子力発電本部長らへの指示が発端であり、組織的な工作であったことが明らかとなった。

秘密会議の開催

数々の情報隠し事件の発覚により、原子力ムラの隠蔽体質が糾弾されたことから、原発に関する会議の公開や、会議資料の公表などが進んだ。これにより、表面的には、原発に関する情報公開と透明化が進んだかのように見えた。

しかし、そうした公開の会議の裏で、国や県が秘密会議を開催していることが明らかになってきた。

（1）原子力委員会の秘密会議

その1つが、内閣府に設置されている原子力委員会の中の「原子力発電・核燃料サイクル技術等検討小委員会」の秘密会議である。

この小委員会は、福島第一原発事故の後の核燃料サイクルに関する政策の見直しをし、2012年5月に評価を取りまとめた。

しかし、この評価の取りまとめに際し、この小委員会が、日本原燃（六ヶ所村再処理工場を所有）や日本原子力研究開発機構（旧・動燃、高速増殖炉「もんじゅ」を所管）など、原発推進側の関係者約30名を集めて勉強会を開いていたことが、報道により明らかとなった[11]。この勉強会では、評価報告書の原案について議論され、その表現のいくつかが書き直された。例えば、再処理と比較して直接処分が「総費用において有利」とされていた表現を、「優位となる可能性が高い」と修正してトーンを抑え、再処理を前提としてきた事業者等に配慮した書きぶりに変えている。

しかも、この秘密会議は、なんと20回以上も開催され、小委員会の表の会議時間の合計よりも長かったという。

福島第一原発事故を踏まえて原子力政策を抜本的に見直すために設置されたはずの原子力委員会の小委員会において、秘密会議が開催され、原発推進側の関係者と事前に入念なすり合わせをし、その意向に沿う形で動いていたのである。あまりにも根深い病理としか言いようがない。

（2）福島県・健康管理調査の検討委員会の秘密会議

福島第一原発事故の後、福島県では、県民健康管理調査が実施されている。この県民健康管理調査の結果に対する評価をする検討委員会でも、秘密会議がおこなわれていたことが、毎日新聞のスクープ[12]で明らかとなった。報道によると、この秘密会議は、検討委員会の会合の前に、「準備会」として開催され、調査結果に対する意見のすり合わせをしていた。例えば、委員らは、甲状腺がん患者が確認されたことについて、「原発事故とがん発生の因果関係があるとは思われない」という見解を確認していた。

さらには、会合の議事進行表が委員に前日に送られ、内部被曝調査に関し、結語を「内部被曝は合計しても1ミリシーベルト未満で、相当に低いと評価」することが記載されていたという。

真の意味で、県民の健康を調査し、被曝とそのリスクを把握していこうという意識が欠落している。最初から、被曝による健康への影響はないという結論ありきなのである。これではもはや情報操作としか言いようがない。

原発情報の公開のあり方についての提案

以上では、原発情報に関して、これまで、どのような情報が隠され、秘密とされてきたのかを見てきたが、原発情報の隠蔽の問題は根深いことがお分かり頂けたのではないだろうか。

しかし、ひとたび深刻な原発事故が起これば多くの人の生命、身体、生活基盤に重大な被害を及ぼすことは、福島第一原発事故を見れば明らかである。その被害の甚大さを考えれば、原発情報はむしろ公開し、原子力政策を透明化し、その安全性の確保について衆人環視で厳しくチェックしていくことが必要だ。

そこで、これからの原発情報の公開のあり方に関して、二つのことを提案したい。

一つは、電力会社などの原子力事業者を、情報公開法の対象とすることである。具体的には、独立行政法人等情報公開法を改正し、同法の対象機関とすることが考えられる。同法は、既に、独立行政法人ではない株式会社であっても、例えば、新関西国際空港株式会社などについて対象機関に含めているところである。

特に、東電については、原子力損害賠償支援機構を通じて政府から資金交付金として2兆4000億円以上もの交付を受けているのであるから、政府出資という観点からは、独立行政法人に匹敵しており、独立行政法人等情報公開法の対象とすべきという指摘もされており、[13]私も賛成である。

欧米各国(国連欧州経済委員会の加盟国)は、1998年6月、「環境問題に関する、情報へのアクセス、意思決定における市民参画、司法へのアクセスに関する条約」をデンマークのオーフス市で行われた国連欧州経済委員会で採択した。発効は2001年10月である。このオーフス条約は、①環境に関する情報へのアクセス、②意思決定における市民参画、③環境問題に関する司法へのアクセスについての国際的な最低基準を定めるもので、欧州各国は、この条約の要請に沿った国内法制度を整えようとしている。

オーフス条約の下では、6条1項(a)で環境に影響を及ぼす活動を別表として列挙し、この別表には原発なども指定されている。5条では「情報の収集と普及」について規定され、これらの活動に関する情報が確実に市民に入手されるようにするために、公的機関は環境情報を収集し、これを更新しなければならないとしている。したがって、原発などの情報について、企業情報も含めて、市民に間接的なアクセスを認めていると言える。

この条約は、未だ日本政府によって批准されていないが、この条約を批准し、企業情報を含めて市民に広範アクセス権を認める法制度を目指し、とりわけ原発の安全性に関する情報については緊急に特別法による情報公開制度を確立するべきである。

二つめの提案は、行政機関の保有する情報の公開に関する法律5条5号のうち、審議・検討・協議に関する情報で、「不当に国民の間に混乱を生じさせるおそれ」のある情報について不開示とする部分を削除するように改正することである。福島原発においては生命、身体、生活基盤に重大な被害を及ぼすおそれがあるにもかかわらず、それを過剰反応やパニックなどのように決めつけ、「混乱を生じさせる」などという曖昧な基準で秘密とされた。このようなことが繰り返されてはならない。

【注】

（1）今西憲之ほか著『機密ファイルが暴く闇　原子力ムラの陰謀』朝日新聞出版、２０１３年、２８３〜２８８頁参照。
（2）小林圭二『高速増殖炉もんじゅ　巨大核技術の夢と現実』七つ森書館、１９９４年、１５５〜１５６頁参照。
（3）海渡雄一著『原発訴訟』岩波新書、２０１１年、37〜38頁参照。
（4）田島泰彦ほか編『秘密保全法批判』日本評論社、２０１３年、１３９頁参照。
（5）前掲書の１４３頁参照。
（6）田島泰彦、前掲書、１４３〜１４４頁参照。
（7）今西憲之、前掲書、14〜17頁参照。
（8）今西憲之、前掲書、67〜88頁参照。
（9）今西憲之、前掲書、１０３頁参照。
（10）このやらせメールの依頼メール全文は、２０１５年2月現在、日経新聞のウェブサイトにて公表されている。
（11）２０１２年5月24日付け毎日新聞「核燃サイクル原案：秘密会議で評価書き換え　再処理を有利」など参照。
（12）２０１２年10月3日付け毎日新聞「福島健康調査で秘密会」参照。
（13）三宅弘著『原子力情報の公開と司法国家――情報公開法改正の課題と展望』平文社、２０１４年、89〜91頁参照。

〈コラム〉東電株主代表訴訟と情報公開

木村　結（東電株主代表訴訟事務局長）

脱原発・東電株主運動

1989年1月7日、昭和天皇死去報道に隠れてこっそりと小さく報道された福島第二原発3号機の再循環ポンプ水中軸受け脱落事故。異常を知らせる警報が鳴っても、回転軸の振動針が振り切れても運転を止めなかった。大事故だったが、東電は「事故ではなく事象である」という立場を崩さなかった。

そして、担当の保修課長の山手線での自殺が2カ月も経ってから新聞に数行掲載されただけだ。私たちはこの件につき、東電に情報公開を求めたが応じないため東電本店に泊まり込みをしたこともあった。それでも東電は情報公開に応じない。私たちは株主総会の場で情報公開を求めようと東電の株を買い、株主となって「脱原発・東電株主運動」を興した。それから22年、私たちの闘いも虚しく福島原発震災が起きてしまった。株主総会出席の単位株である100株57万円で買った東電株は事故直後1万円弱になったが（現在は4万円前後）、私たちは東電を倒産させてでも脱原発をさせ、被災者に賠償するのが筋だと考えた。しかし、東電は破綻もせず国民の税金を湯水のように注ぎ込み、1400億円ものまやかしの黒字を計上している。また私財を賠償に充てることを申出た取締役も誰ひとりいない。

東電株主代表訴訟

私たちが、株主にしかできない「株主代表訴訟」を提起したのが2011年11月。この提訴には東電株主運動が、22年間発行し続けた『脱原発・東電株主運動年鑑（株主総会全記録）』が大きく貢献した。毎年株主総会で提案された地震対策と津波対策、そして廃炉提案など、株主運動では毎年5、6件の株主提案を提出してきた。全て「株主総会開催通知」に提案と提案理由が綴られるため、取締役会の議題となる。しかも総会の場で株主からの趣旨説明を直接聞いた上で、取締役会はその全てに反対と明言してきたのだ。

私たちは総会の開催通知に記載出来る400字の提案理由を吟味し、さらに株主総会でひとつ3分の持ち時間に脱原発への思いを込めて述べ、闘ってきた。総会開催通知は約61万人の東電株主（単位株を所有している株主の数）に届けられ、株主総会に足を運ぶ毎年2000人程度（2011年は9000人超）の株主の耳に届けられてきた。さらに株主運動に加わっていない株主からも事前質問が出され、取締役が総会の場で口頭での回答をしている（毎年約40分）が、この質問も回答もすべて前出の年鑑に記載されている。

この訴訟も私たちにとって情報公開を求める闘いである。事故情報はもちろん、裁判で明らかにしたいのは、東電取締役の原発事故への関与である。取締役ひとりひとりがどのように原発推進に関わり、地震対策や津波対策を怠り、事故発生に関与したのかを証明しなければならない。取締役会以外にも数多くの会議が頻繁に開かれていた東電の様々な議事録。これらは株主にも公開はされていない。まず、私たち原告は柏崎刈羽原発事故直後からの取締役会の議事録で事故対策を話し合った議事録を請求し、読み込みをした。しかし、取締役会では言質を取られるような決定的な記録はほとんど残していなかった。

東電テレビ会議録画の公開

ただし、この闘いの中で大きな成果が今のところふたつある。ひとつは東電テレビ会議録画の公開である。菅直人元首相が3月15日早朝、撤退を考えていた東電に乗り込んだら、福島原発第一、第二、そして柏崎刈羽原発、東電本店を繋ぐライブ映像があったと驚愕した、というものだ。東電は事故対応の情報が直接観られる状態でありながら官邸にも報告せず、留めていたのだ。福島第一原発の事故現場や、官邸でも首相以下大臣やスタッフが不眠不休で対応に当たっていた時、当事者の東電取締役は「もう帰りましょう」と気楽に帰宅を促したり「早くやれよ」と現場に檄を飛ばしたり、まるで人ごとのような対応ぶりが観てとれる。これは朝日新聞特報部がキャンペーンを張ってくれたために一部ではあるがマスコミへの開示が実現した。また株主代表訴訟としては、証拠保全申請をすることができた。東電の事故対応の全貌を納めたＤＶＤ約１００枚は、原告と被告との合意によって東京地裁の地下で証拠として法廷の場で上映される日を待っている。

吉田調書のスクープ

もうひとつが、吉田調書の公開である。政府事故調査委員会が事故の早い段階で聴取した第一級の資料であるが、これは朝日新聞特別報道部の記者によってスクープされた。吉田所長を含め７７２名の調書があり、２０１５年３月までに公開に同意した２３６名の調書が内閣府のホームページで観る事ができる。当然事故当事者である東電取締役の調書も含まれているはずだが、公開を拒んでいる人びとの氏名さえ不明である。株主代表訴訟では裁判のスピードアップを図るため、取締役に対して「政府事故調の調書の開示に応じた者は民事請求を行わない」という司法取引を申出た。しかし、会長社長経験者は拒否、平取締役の代理人は「検討中」をくり返していたが結局拒否した。かれらの調書が公開されれば、「地震と津波の危険性は指摘されていたのに取締役が握りつぶした」事実がより一層明確になることは間違いない。

勝俣会長に関しては、国会に参考人として出廷した際、津波高の想定の話は自分のところには来ていなかったと証言しているが、吉田調書では「勝俣さんは、経営者ですから対策費に別途計上と書いてあれば、いくらかかるんだ、と細かく質問してきた」。勝俣氏ら幹部には「ずっと」説明をしていたと証言している。

吉田調書開示請求

吉田調書に関しては、２０１３年結成した「原発訴訟原告団全国連絡会」の有志で「吉田調書の開示請求」を内閣府に対して行った（2014年6月5日）が、政府が公開したことで、私たちの訴えを取り下げるよう言ってきている。政府事故調の聴取に誰が応じたのかを知るため、政府事故調の交通費支出の詳細の公開を請求し、7000頁にも及ぶ資料を数人で閲覧したが、福島に出向いて聴取しているためか、調査委員や官庁の係員の交通費の支出だけで、東電関係者の交通費の支出はなく、その氏名を探す事はできなかった。今後は、調書全体の情報公開請求の訴訟を提起するとともに、株主代表訴訟の手続きの中でも、吉田調書の音声データの開示請求、東電取締役や保安院の主要なメンバーに絞って「政府事故調聴取結果書」の開示請求（文書送付嘱託）をしていくことにしている。

最後に

さらに私が問題にしたいのは、朝日新聞が他紙からの執拗なバッシングに屈して「吉田調書報道」を誤報扱いしてしまったのはなぜかである。バッシングの標的とされたのは原発推進勢力が最も隠したい部分である「過酷事故が起これば、管理できる人もする人もおらず、原発の連鎖的暴走を止めることはできない」ということであった。吉田所長など留まって原発の暴走を止めようとした人びとがいたことは事実であり、感謝している。私だったら逃げていただろうし、逃げて当然である。しかし、原発を今後も続けて行こうとする勢力は、「逃げること」を許さない。多くの所員が撤退した事実を表に出してはいけないのである。上官の命令に従い、英雄となって踏みとどまり犠牲となることを強いるのである。だから「所長の命令に違反して撤退した」という朝日の記事に過剰反応したのだと思う。かつての戦争も連戦連勝と嘘をつき続け、戦死者を英霊として靖国に祀り上げ、若者に特攻隊として英霊になることを強いた。原発推進勢力の真意を知るからこそ、安倍首相と会食を繰り返す朝日の上層部は、この記事そのものを取り消すという常識では考えられない暴挙に出たのであろう。戦争については勝った連合国が裁きを下し、私たち市民の手で裁くことができなかった。原発事故は、事故によって損害を受け、被曝を強いられた市民が責任者に個人責任を取らせることで裁きを下さなければならない。

隠された真実を描いた映画『日本と原発』

私たちは、原発を取り巻くすべての問題を提起するため、河合弘之氏を監督として、海渡雄一氏が構成と監修を担当し、私も制作に協力して映画『日本と原発』をつくった。多くの関係者、有識者にインタビュー取材を行い、現地での情報収集や報道資料等をもとに、事故に巻き込まれた人々の苦しみ、原発事故を引き起こした背景、改善されない規制基準、エネルギー政策の嘘と真実を追求したドキュメンタリーである。全国で有料試写会を開催している。問い合わせは、メール＝eiga@nihontogenpatsu.com もしくはウェブサイト〈http://www.nihontogenpatsu.com/kproject#p01〉参照。

第3章　朝日新聞・原発「吉田調書報道」は誤報ではない

朝日新聞による記事掲載とその取消と謝罪に至る経過

海渡雄一（原発情報公開弁護団）

（1）朝日新聞・原発「吉田調書報道」とは

吉田調書とは、政府事故調の調査の過程でその調べに応じて事故当時福島第一原発の所長であった吉田昌郎氏が陳述した内容をまとめた記録の通称であり、その事情聴取日は２０１１年7月22日・7月29日・8月8日・8月9日・10月13日・11月6日である。公式な文書名としては「聴取結果書」である。

朝日新聞は、２０１４年5月20日付け報道において、吉田所長の「聴取結果書」を入手したとして、その内容を引用して「福島第一の所員、命令違反し撤退、吉田調書で判明」などと報じた。この報道に対して、吉田所長にインタビューしたノンフィクション作家門田隆将氏はブログや週刊誌において、「『意図的に捻じ曲げられた』報道」[1]、「なぜここまで日本人を貶めなければならないのか」[2]などと、従軍慰安婦報道を引き合いに出しながら、朝日の報じた内容に誤りがあると指摘した。朝日新聞は当初は「朝日新聞社の名誉と信用を著しく毀損」「記事は確かな取材に基づいており、『虚報』『誤報』との指摘は誤っている」として抗議した[3]。しかし、右派系の週刊誌や月刊誌からの批判と攻撃は収まらず、同年8月18日には産経新聞、8月24日にNHK、8月30日に読売新聞、共同通信が「吉田調書」を非公式に入手して報道した。NHKを除く産経、読売の両紙と、共同通信は「命令違反し撤退」との報道を否定する報道を行った。毎日新聞は共同通信の配信記事を使って、報道した。社会面には独自取材を掲載して、朝日新聞の報道を批判した。福島原発事故の真相をジャーナリズムの責任で解明するのではなく、いずれも朝日新聞を批判するトーンが強調されているのが特徴だった。産経新聞、NHK、読売新聞、共同通信がどのような経路で調書を入手したのかは明らかでない。しかし、報道時期が極めて近接していることから、官邸からリークされた可能性が指摘されており、[4]これらのメディアは、政府の情報操作の道具とされた可能性がある

(2) 吉田調書と政府事故調の一部調書の公開

これらの動きを待っていたかのように、政府は吉田所長の聴取結果書を公開するよう方針転換し、2014年9月11日に政府内閣官房が吉田調書を含む「政府事故調査委員会ヒアリング記録」の一部を公開した。

政府事故調の調書は772名分あるとされているが、2015年3月26日の第6次公開までに、合計で236名分が本人の同意を得たとして公開されている。

公開されている調書の傾向としては、専門家、公務員のものが多く、東電社員のものは極めて少数しか公表されていない。勝俣恒久会長、清水正孝社長、武藤栄副社長、武黒一郎フェローら東電首脳の調書は公開されていない。保安院関係者の調書はかなり公開されているが、福島原発告訴団が第2次告発の対象とした4名の内、公開されているのは、森山善範審議官と野口哲男原子力発電安全審査課長の調書だけであり、その森山調書も同じく公開された保安院の小林勝耐震安全審査室長（小林氏は告発の対象から除外した）調書と大幅に食い違い、その信頼性に大きな疑問が残る。野口課長の調書も事故前のことには触れていない。小林調書は津波対策における東電と保安院の対応を詳しく述べており、詳細は本書第4章を参照されたい。津波対策をめぐっては吉田氏も深く関与しており、吉田調書における吉田氏の証言内容については詳しく検証する必要がある。[5]

簡単に言えば、東電と保安院による津波対策のサボタージュの経過に関する調書類の多くは、今も秘密にされたままである。

また、2011年3月15日の650名の作業員の福島第二原発への、いわゆる撤退問題に関しても、吉田調書以外には末端の下請けの南明興産の作業員の調書が公開されているだけで、東電の役員やGM（グループマネージャー）

とされる幹部職員の調書は磯貝拓氏ひとりしか公開されていない。この二人は調書で重要な証言をしており、詳しくは後述する。

（3）撤退問題の聴取の中途に不自然な休憩が挟まれている

また、公開された吉田調書には、不自然な「(休憩)」が入っている。すなわち、吉田氏の8月8日及び9日の調書「事故時の状況とその対応について　4」の57頁では、吉田氏が福島第一原発の2号機について、「線量レベルが高くなりましたけれども、著しくあれしているわけではないんで、作業できる人間だとか、バックアップできる人間は各班で戻してくれという形は班長に。」と回答したところで、突然「(休憩)」と書かれ、話が途切れている。そして、この「(休憩)」の後は、聴取者からの質問は何もないのに、吉田所長は、「1号機のアイソレーションコンデンサー、ICが過去に動いたことがあるかというお尋ねがあって、平成3年かな、1号機は、IC漏えいのときに行った可能性があるかもしれないと。」と話し始めている。再開後はなぜか1号機の話に変わっているのである。

吉田調書は一問一答形式で、すべて逐語的に調書が作成されている。吉田調書においても「(休憩)」は聴取中に何度かあるが、他では、休憩に入る前後のやりとりも記載されている。例えば、「質問者　では、よろしいでしょうか。それでは、1時間再開めどで休憩を取ります。よろしくお願いします。」「(休憩)　質問者　それでは、また、引き続き事務局の加藤からお尋ねしますけれども、」(7月22日の吉田調書28頁)、「質問者　では12時半からまたということでよろしいですかね。」「質問者　そうしましょう。」「(休憩)　質問者　そしたら、午後また事務局の加藤からお尋ねしていきます。」(7月29日の吉田調書30頁)、「質問者　もうちょっとで12時になりますので、もうちょっとだけ。」「吉田所長　いいですよ。ちょっと、おしっこに行きたいんですけれども。おしっこと、たばこ1本だけ吸ってすぐ帰って来ますから。」「質問者　たばこも遠慮なくおっしゃってください。」「(休憩)　質問者　そうしましたら、先ほど、平成20年7月のところまで話を伺いましたので、その後なんですけれども、」(11月6日の吉田調書21頁)といった形で、前後の会話も残っている。当然のことながら、休憩後の最初の発言者は「質問者」である。

このように比較してみると、8月8日及び9日の吉田調書「事故時の状況とその対応について　4」の57頁での「(休憩)」が不自然であることは歴然としているのである。この部分は、本稿で問題としている撤退問題の核心を話していた箇所である。そのパートで、なぜこのような不自然な休憩入りをしているかは未解明であり、撤退問題に関して吉田所長のさらに重要な証言が隠されている可能性がある。(6)

このように、政府事故調の調書は原発事故という深刻な災害の原因を明らかにするために作成された第一級の歴史資料である。このような資料の公開を本人の同意に係らせることには大きな疑問がある。すべてを市民の前に公表するべきである。なお、吉田氏は政府事故調の初回の調書の冒頭で、調書の公開に同意している。(7)

(4) バッシング報道に屈服した朝日新聞

吉田調書が政府によって公開された2014年9月11日の夜、朝日新聞は社長らによる記者会見を開き、吉田調書についての同年5月20日付朝刊「命令違反で撤退」との記事全体を取り消したうえで謝罪した。取消の理由は、「吉田調書を読み解く過程で評価を誤り、『命令違反で撤退』という表現を使ったため」と説明し、「これに伴ない、報道部門の最高責任者である杉浦信之編集担当の職を解き、関係者を厳正に処分します。」と表明した(2014年9月12日付朝日朝刊)。

そして、朝日新聞社は第三者機関「報道と人権委員会」(PRC)(8)に社長会見当日の9月11日、検証を依頼した。第三者機関とは、本来は朝日新聞の報道によって人権を侵害されたと主張する者の申立によって調査を開始する機関であり、会社が見解を示す当日に検討を依頼し、早々と申し立てを受理するという調査の形式そのものに疑念がある。また、どのような者がPRCに申し立てをする資格があるかを確認しようとしたが、規約について公開されていないなかった。このため、原発情報公開弁護団では、朝日新聞の問い合わせ窓口に電話で「規約はないか」と問い合わせたが、「利用規約は存在しません」という回答だった。(9) 人権救済を審議する機関に、申し立てに関する規約が「存在しない」というのは普通ではない。

ＰＲＣは社長会見から２カ月後の２０１４年11月12日に吉田調書報道に関する見解をまとめた。朝日新聞５月20日朝刊が報じた「所長命令に違反　原発撤退」などの記事の「報道内容には重大な誤りがあった」とし、朝日新聞社が記事を取り消したことは「妥当」とした。

多くの市民のみなさんは、吉田調書の公開の当日に記事が取り消されたという経過から見て、朝日新聞が吉田調書の内容に反する重大な誤報を行い、事故の対応に当たっていた原発事故作業員の名誉を深く傷つけたものと信じたものと思う。

しかし、事故の直後から東電役員に対する株主代表訴訟や刑事告訴などを担当し、事故をめぐる情報を継続的に検討してきた弁護士の目からすると、朝日新聞吉田調書報道に事実に反する箇所はなく、報道の焦点が、「『命令違反の撤退』という朝日新聞報道によって事故の対策にあたった東電の吉田所長や作業員の名誉が害されたか」という点に意図的にずらされていると感ずる。本質的な問題は、①深刻な原発事故の発生時に、生命の危険もあるような苛酷な労働を誰が担いうるのか②もし所長の命令通りに、すぐに事故対応に戻れる第一原発構内に所員が待機していれば、３月15日朝以降に発生した大量の放射性物質の漏洩は防げたのか③あるいは、全員が１Ｆに残っていたとしても、プラントのコントロールは不能であり、放射性物質の放出は避けられなかったのか、などである。

ここでは、できる限りの客観的な資料に基づいて、当時の真実に肉薄し、朝日新聞の吉田調書報道が取消に値する誤報といえるかを検証する。

東日本壊滅の危機が迫っていた（3月14～15日朝までの1F《イチエフ》の状況）

（1）東電の本店幹部は福島原発からの最終避難を計画していた

２０１１年3月14日夜から、福島第一原発の2号機は圧力が上昇し、水が入らず冷却が不能状態に陥り、東京電力の清水社長以下の最高幹部は、大量の放射性物質の放散を覚悟し、官邸に対して、「全面的な撤退」「最終避難」についての了解を取ろうとしていた。このことを、最も客観的な記録であるテレビ録画記録から検証してみる。以下は3月14日の記録[10]である。

16：57　清水「最悪のシナリオを描いたうえで対応策をしっかり把握して報告してください」
17：45　清水：ＯＦＣ（福島オフサイトセンター、筆者注）から移動中の武藤副社長に電話
19：28　ＯＦＣ小森「退避基準の検討を進めて下さい。」
19：45　武藤副社長→原発へ退避手順の検討指示（ヒアリング及び国会事故調での発言）
19：55　高橋「武藤さん、これ、全員のサイトからの退避っていうのは何時頃になるんですかねえ。」
20：16　高橋「今ね、1Fからですね、いる人達みんな2Fのビジターホールに避難するんですよね。」
20：20　清水「現時点で、まだ最終避難を決定している訳ではないということをまず確認して下さい。それで、今、然るべきところと確認作業を進めております。」「プラントの状況を判断……あの、確認しながら……決めますので」。

ここでは、「全員」「みんな」という言葉が使われ、「最終避難」という言葉は要員のほとんどの引きあげることを意味するとしか考えられず、「しかるべきところ」とは官邸にほかならない。ちょうどこの時間帯の前後には清水社

長が海江田万里経済産業大臣ら官邸側に電話をしていることが判明している。(11)

(2) 3月15日朝の1Fの絶望的状態

次に、問題となっている3月15日の午前6時以降に実施された、東電のGMや運転員を含む原発作業員650名の福島第二原発への移動が、吉田所長の指示と矛盾していないかどうかという点について検討する。

まず、客観的な事項を整理しておく。事故発生当時、この原子炉では、東電の社員が755名、協力会社の社員560名ほどの作業員がいた。15日早朝の時点でも、この中の720名程度の作業員が残り、事故対策に当たっていた。そして、この原子炉の緊急対策に必要な緊急対策本部の要員数は400名と定められていた(吉田調書02010頁 吉田調書は複数あり、番号が振られている。検索の便宜のため、調書の番号をそのまま転記する)。この数字は、残された人員で十分な対策がとれたかを判断するうえで、重要な数字である。

当時は、2号機の格納容器圧力が下がらず、炉を冷やす水が注入できない事態が続いていた。この当時は注水には消防車を使っていた。消防車は水を押し出す力が弱く、原子炉の圧力が高いままだと水を入れることができない。このため、炉圧を下げることが急務だった。格納容器上部の圧力を外気に逃すベントや核燃料を収めた圧力容器から直接水蒸気を逃すための減圧操作(SR弁の操作)を試したが、うまくいかなかった。ところが、2号機のSR弁がどういう理由かは不明だが、いったん開いた。

ここで消防車でも水が入れられる状態にまで炉圧が下がった。ところが、午後6時28分、テレビ会議を通じて、吉田所長に報告が届いた。消防車が燃料切れを起こし、消防車のポンプが動かないという報告だった。給油に向かおうとした車もパンクしていた。吉田所長はこの時、「本当に死んだ」「チャイナシンドローム」といった深刻な危機感を抱いていたことを次のように調書に残している。

「完全に燃料露出しているにもかかわらず、減圧もできない、水も入らないという状態が来ましたので、私は本当にここだけは一番思い出したくないところです。ここで何回目かに死んだと、ここで本当に死んだと思ったんです。これで2号機はこのまま水が入らないでメルトして、完全に格納容器の圧力をぶち破って燃料が全部出ていってしまう。そうすると、その分の放射能が全部外にまき散らされる最悪の事故ですから。チェルノブイリ級ではなくて、チャイナシンドロームではないですけれども、ああいう状況になってしまう。そうすると、1号、3号の注水も停止しないといけない。これも遅かれ早かれこんな状態になる。

そうなると、結局、ここから退避しないといけない。たくさん被害者が出てしまう。勿論、放射能は、今の状態より、現段階よりも広範囲、高濃度で、まき散らす部分もありますけれども、まず、ここにいる人間が、ここというのは免震重要棟の近くにいる人間の命に関わると思っていましたから、それについて、免震重要棟のあそこで言っていますと、みんなに恐怖感与えますから、電話で武藤に言ったのかな。1つは、そんな状態で、非常に危ないと。操作する人間だとか、復旧の人間は必要ミニマムで置いておくけれども、それらについては退避を考えた方がいいんではないかという話はした記憶があります。」（吉田　077―1―4　49頁）

前述したように、吉田所長はこうした危機感を官邸の細野豪志首相補佐官や東電本部幹部にも伝えている。

そのころ本店では、福島第二原発へ本部機能を移転することや移動手段としてバスを手配することなどが急ピッチで進んでいった。福島第一原発の現場ではいったん安堵した空気が広がったが、2号機の圧力は下がらなかった。

3月14日、23：33テレビ会議で「ベントができないと格納容器が壊れる」という悲鳴のような発言が記録されている。

15日になっても、次のような状態が続いた。

00：04―00：06テレビ会議で、ドライウェル（格納容器上部）の圧力が下がらないという報告が続いている。

０：20　東電が２号機の燃料棒が露出していることを記者会見で報告している。[12]

（３）東電の全面撤退計画は存在したのか

東電の全面撤退計画は存在したのか、この点の解明のために、官邸にいた政治家・官僚たちの調書を検討してみる。

枝野元官房長官は、私あてに東電の清水正孝社長から電話がかかってきた。生の言葉は記憶していないが、間違いなく全面撤退の趣旨だった。「必要のない人は逃げます」という話は官房長官にする話ではないので勘違いはあり得ない。「撤退はあり得ない」とは言えず、「私の一存ではいとは言えない」と答えた。「東電が全面撤退の意向を政府に打診した」という報道があり、３月18日の会見で質問されたが「承知していない」と答えた。さすがにこの段階では言えなかったと生々しく証言している。

海江田元経産大臣は、記憶では（最初に）清水正孝社長から「退避」という言葉を聞いた。「撤退」という言葉ではない。そこで「何とか残ってください」「そうですか」みたいなやりとりをした。東電に対する不信感が頂点に達した時ではないか。僕は全員（退避してしまうのか）と思った。総理が「東電に行こう」と言ったから、もろ手を挙げて大賛成したと述べている。

細野首相補佐官は、清水正孝・東電社長から海江田万里・経済産業大臣に電話があったが、海江田さんは全面撤退と解釈していた。それに（官邸に詰めていた）武黒一郎・東電フェローも撤退するしかないという話をしていた。東電本店と武黒さんの連絡がうまくできていなかった可能性もあると思う。吉田さんが全面撤退を否定しているというのならば私は信じるが、当時の官邸は枝野さんも海江田さんも、東電が全員持ち場を離れさせようとしている前提でずっと話をしていたと述べている。

官邸の政治家たちが、東電が計画しているのは、「全員撤退」ではなく、「全面撤退」と解釈していたことが重要である。一人でも残っていれば「全員撤退」ではないが、プラントの制御ができない状態となっていれば「全面撤退」

である。産経新聞と読売新聞は、朝日新聞報道を批判する際に、吉田氏が調書で「全員撤退」を否定しているにもかかわらず、「全面撤退」と取り違えて報道している。(13) しかも、「全員」か「全面」かの問題は3月14日夜から、吉田氏が一時待機命令を出す翌15日朝までのことである。朝日の報道は15日午前6時42分に所長の指示・命令が変更されたこと（一時待機命令）を報道しているのである。時間帯がずれており、論点がかみ合わない批判となっていると言わざるを得ない。

その清水社長はその日、15日午前4時17分、官邸に着き、菅直人総理と会った。このような時間帯に、総理と東電社長が会うことそのものが極めて重大な用件であることがわかる。菅総理は、「ご苦労さまです。お越し下さり、すみません」とあいさつしたあと、いきなり結論を述べた。「撤退などあり得ませんから」と。これに対して、清水社長は、「はい、わかりました」と応じたと言う。政府事故調は、このやりとりについて清水社長は、「『そんなことは考えていません。』と明確に否定した。」と認定している。しかし、周りにいた、海江田大臣、伊藤哲朗内閣危機管理監、安井正也(14)原子力・安全保安院付らは、清水社長が撤退したいとあれだけ述べていたのにと不審な思いを抱いたと証言しているというから、菅元総理らの証言の方に信憑性があると考える（木村英昭『官邸の一〇〇時間』241―242頁）。

官邸に詰めていた安井の調書も公開された。官僚サイドの見方を知る上で、貴重なものであるが、経過はほぼ元総理、官房長官、経済産業大臣ら政治家のものと重なっている。菅総理と清水社長のやりとりは、菅氏が「撤退を考えているのか」と言ったのに対して、「撤退など考えていません」と述べたとされている。しかし、安井氏もその直前には菅氏は「『そんなことは許さん』と激怒していた」（同調書7頁）とされていることからも、この点は菅氏らの言ったように上記のようなやりとりであったと推測するのが合理的である。

このやりとりに続いて、官邸は、東電本店に細野補佐官が常駐するという体制を清水社長に提案し、了承させ、東電本店に政府と東電の統合本部を作ったとされる。

多くの東電社員や関連企業の社員の生命の危機に際して、企業のトップとして社員の命と安全を考えたことは責められないかもしれない。

「全員撤退」の計画はなかったと認定した国会事故調の野村修也委員は、東電側の「一部退避」に過ぎなかったという主張を鵜呑みにしている。しかし、野村委員はテレビ会議の記録を見た上で「最悪の場合は10名ぐらいかなというような様子が見受けられる」とあり、これを清水社長も認識していたという（国会事故調査報告書　会議録　392頁）。そもそも、こうした結論が導かれるのは、前述したように、国会事故調が、撤退問題を「全面」ではなく、「全員」と捉えて、少しでも所員が残れば全面撤退ではないと捉えていたためである。

国会事故調は、「テレビ会議録等からうかがわれる様子や吉田所長の発言等からすれば、14日から15日にかけて東電が検討していた退避の計画は、不必要な人だけを異動させるといった生やさしいものではなく、原子炉のコントロールに必要不可欠な者だけを残して大多数を退避させるといったものだったことがうかがわれる。官邸側は、不必要な人員を移動させるだけなら、わざわざ官邸に問い合わせなかったはずだと述べているが、まさに相談が必要なほど大規模な移動であったわけで、この点に関する東電の説明は、批判を恐れるあまり不正確になったものと考えられる。」（国会事故調　報告書本文　278頁）としている。そして、「全員撤退」計画があったと理解したのは、清水社長の曖昧な説明に原因があるとも説明している。

「こうした誤解を生じさせた最大の原因は、清水社長のコミュニケーションの取り方にあったことは言うまでもない。海江田経産大臣及び寺坂（信昭原子力安全・）保安院長の発言から、清水社長は海江田経産大臣に対して、「原子炉のコントロールを放棄するつもりはなく、必要最低限の人員を残す前提である」という極めて重要な事実を、明確に伝えていないことは明らかだからである。」（カッコは引用者）

「清水社長がこうした曖昧で要領を得ない伝え方をすれば、海江田経産大臣が、それまでの東電本店に対する不信感と相まって、「社長自らが、とても伝えられないような重大な意思を伝えにきた。つまり全面撤退ではないか」と考えるのは致し方がない面がある。「退避」あるいは「待避」という言葉は、「一時的である」といった語感はあるが、必ずしも「一部」というニュアンスを含むものではないため、「全員撤退」の趣旨に伝わる可能性は高い。しかし、既に述べたように東電内部で全面撤退が決まった形跡はなく、やはりそれは「誤解」であった。」としている（国会事故調　報告書本文　２７９―２８０頁）。国会事故調は「全員撤退」の計画はなかったと結論づけているが、それはそうだろう。吉田氏をはじめ約70名が残ったからだ。だが、前述したように、官邸側が認識したのは「全員」ではなく、「全面撤退」だった。後述するが、東電は撤退中にプラントの制御を放棄する事態を発生させている。

このように、緊急対策メンバーを残すといっても、東電が考えていたのは10名程度であり、それでは福島第一原発の6基とりわけ危機的な状況に陥っていた1ないし4号機の過酷事故状況には全く対応できなかったことは明らかである。繰り返すが、これは「全面撤退」である。

（4）菅総理の演説

15日の朝5時30分頃、菅総理が東電本店に来て東電の社員を前に、次のような内容の演説をしたとされる（残されている秘書官のメモ(15)による）。

「今回の事の重大性は皆さんがいちばんわかっていると思う。……

これは2号機だけの話ではない。2号機を放棄すれば1号機、3号機、4号機から6号機、さらには福島第2のサイト、これらはどうなってしまうのか。

これらを放棄した場合、何ヶ月か後には全ての原発、核廃棄物が崩壊して放射能を発することとなる。チェルノブイリの2倍から3倍のものが、10基、20基と合わさる。

日本国が成立しなくなる。何としても、命がけで、この状況を抑え込まない限りは。撤退して黙って見過ごすことはできない。そんなことをすれば、外国が「自分たちでやる」と言い出しかねない。

皆さんは当事者です。命を懸けて下さい。逃げても逃げ切れない。情報伝達が遅いし、不正確だ。しかも間違っている。皆さん萎縮しないでくれ。必要な情報をあげてくれ。目の前のことと5時間先、10時間先、一日先、一週間先を読み、行動することが大切だ。

金がいくら掛かっても構わない。東電がやるしかない。日本がつぶれるかもしれない時に、撤退はあり得ない。会長、社長も覚悟を決めてくれ。60歳以上が現地に行けばいい。自分はその覚悟でやる。撤退はあり得ない。撤退したら、東電は必ず潰れる。」

東電の全面撤退計画を覆した吉田所長の所内待機指示は、この演説の一時間後のことである。吉田所長は既に亡くなっているので、確かめるすべはないが、吉田所長の待機指示は、この総理による演説と関連している可能性はある。

爆発と撤退の開始そして吉田所長の待避指示

(1) 待避指示を裏付ける吉田調書の内容

3月15日午前6時12分[16]2号機方向からの「衝撃音」と格納容器下部の圧力抑制室(サプレッションチェンバー)の圧力が「ゼロ」になったという報告が吉田所長に届いた。前日の14日夜から準備されいったん中止されていた福島第二原発への撤退が実行に移されることになり、前夜からの計画に従って所員が福島第二原発に移動をはじめた。

実際に爆発が起きたのは4号機であるとされているが、その場にいた者は冷却できなくなっていた2号機の格納容器が破裂したと考えた。この爆発の直後から、東電は要員をわずか70名だけ残して、６５０名もの作業員を福島第二原発に退避させる行動を始めたのである。

しかし、この時点でも、吉田所長は、全員撤退は考えず、別の指示をしている。この部分の吉田調書をそのまま引用してみよう。ここでも、吉田所長は撤退問題を「全面」ではなく「全員」という言葉を撤退の頭に付けて語っていることに留意すべきだろう。(17)

「撤退というのは、私が最初に言ったのは、全員撤退して身を引くということは言っていませんよ。私は残りますし、当然、操作する人間は残すけれども、最悪のことを考えて、これからいろんな政策を練ってくださいということを申し上げたのと、関係ない人間は退避させますからということを言っただけです。」

「そのときに、私は伝言障害も何のあれもないですが、清水社長が撤退させてくれと菅さんに言ったという話も聞いているんです。それは私が本店のだれかに伝えた話を清水に言った話と、私が細野さんに言った話がどうリンクしているのかわかりませんけれども、そういうダブルのラインで話があって。」(吉田　0 7 7―1―4　53―54頁)

「そのタイミングで、うちはうちで、例の2号機のサプチェンがゼロになって、音が聞こえたので退避しますと。さっき言った意味でですね。必要ない人間は退避しますという騒ぎが朝あったときに、ちょうど菅さんが来ているときに、テレビ会議で、その辺でとりあえず」「このときはそれ以上のことはなくて、細野さん、これは危ないですというか、まだ水が入る前ですね。水が入らなかったらえらいことになると。炉心が溶けて、チャイナシンドロームになりますということと、そうなった場合は何も手をつけられないですから、1号、3号と同じように水がなくなる、同じようなプラントが3つできることになりますから、凄まじい惨事ですよという話はしていました」(吉田　0 7 7―1―4　54―55頁)

ここでダブルのラインの話があったという指摘は意味深長である。私の推測では、東電最高幹部らは、吉田所長の指示とは別に、70名程度の要員を残し、緊急事故対策にも必要な者を含む、残りの職員・作業員６５０名を２Ｆに退避させたのではないか。このように考えると吉田所長のダブルのラインという話とも符合し、前後の事態が合理的に説明できる。

（２）本当は私、２Ｆ《ニエフ》に行けと言っていないんですよ

これに続く吉田所長の発言が朝日新聞で後に「誤報」とされた部分である。

「本当は私、２Ｆ（福島第二原発）に行けと言っていないんですよ。ここがまた伝言ゲームのあれのところで、行くとしたら２Ｆかという話をやっていて、退避をして、車を用意してという話をしたら、伝言した人間は、運転手に、福島第二に行けという指示をしたんです。私は、福島第一の近辺で、所内に関わらず、線量の低いようなところに一回退避して次の指示を待てと言ったつもりなんですが、２Ｆに行ってしまいましたと言うんで、しようがないなと。２Ｆに着いた後、連絡をして、まずＧＭクラスは帰ってきてくれという話をして、まずはＧＭから帰ってきてということになったわけです。」（吉田　０７７―１―１　55頁、カッコと傍線は引用者）

吉田所長と残る者は、10名程度という前提で、東電本店による全面撤退計画が進行し、爆発が起きた午前６時12分以降の時点でこの計画が実行に移される。しかし、その30分後の午前６時42分の時点で、吉田所長によって、この撤退計画は変更され、福島第一原発内での安全な場所での待機が指示された。しかし、この指示は、ほとんど無視され、７２０名の内、６５０名が福島第二原発に撤退する結果となる。ただ、結果から見れば、この指示が出されたため、吉田所長とともに残る作業員数は10名程度から70名に増えたとも言える。

（3）吉田調書の待機指示

午前6時42分、吉田所長はこの前夜からの撤退計画が始まっていたのを変更し、福島第二原発へ行ってしまうのではなく、福島第一原発の構内に留まるよう、待機の指示をテレビ会議を通じて発したのはまぎれもない事実である。

9割の所員が福島第二原発に行ったのは、吉田所長のこの指示が伝わらなかったことが原因なのか、一部の幹部が指示を正確に下部に伝えなかったのか、それとも現地とは別に本店からの福島第二原発退避の指示がなされていたのか、未だに真相はわからない。

これに続く吉田所長の発言が誤報だとする報道の根拠とされた部分である。

「今、2号機があって、2号機が一番危ないわけですね。放射能というか、放射線量。免震重要棟はその近くですから、ここから外れて、南側でも北側でも、線量が落ち着いているところで一回退避してくれというつもりで、言ったんですが、たしかに考えてみれば、みんな全面マスクしているわけです。それで何時間も退避していて、死んでしまうよねとなって、よく考えれば2Fに行った方がはるかに正しいと思ったわけです。いずれにしても2Fに行って、面を外してあれしたんだと思うんです。」（吉田 077―1―4 57頁）

この調書の文面を見る限り、福島第二原発に行けと言っていないという点こそが、吉田所長の明確な指示であり、「2Fに行った方がはるかに正しい」というのは、あとからの判断である。吉田所長は、自らの指示とは異なる福島第二原発への650名の移動について、現場指揮官として、あとから追認したのである。所長の指示が末端まで伝わらなかったことは事実であろう。9割もの所員がどこに行っていたのかを現場の最高指揮官が知らなかったということである。指揮命令系統が崩壊する事態が発生していたことを意味する。しかし、テレビ会議での指示を聞いた東電の幹部職員の中に、指示を正確に部下に伝えず、指示に違反して福島第二原発への撤退を実行させた者がいることは明らかである。

東電撤退問題の本質

(1) ウクライナの消防士を悼む碑

ウクライナではチェルノブイリ原発事故の収束作業で命を喪った兵士や消防士たちを悼む碑をみることができる。社会全体で、原発事故の危機の中で、命を捨てて市民を守った作業員に対する感謝の気持ちが表現されている。

福島第一原発事故を引き起こした東電の経営幹部の法的責任は徹底的に追及しなければならないが、命がけで事故への対応に当たった下請けを含む原発従業員に対しては、社会全体で深く感謝するべきである。

私は、そのような思いで、原発労働者弁護団を組織し、福島第一原発の収束のための労働に従事している労働者を代理して、不必要な被曝を強いられた従業員の慰謝料請求の裁判や今も引き続いている危険手当のピンハネに対して東電と下請け会社各社の責任を問う裁判などを担当している。

多くの東電社員や関連企業の社員の生命の危機に際して、企業のトップとして社員の命と安全を考えたことは責められないかもしれない。原発事故災害の拡大を防ぐために労働者の命まで犠牲にしなければならない、原子力技術のもつ究極の非人間性が浮かび上がってくる。深刻な原発事故が生じて、これに対する対処作業が極めて危険なものとなったとき、このような労働は誰によって担われるべきなのだろうか。東電などの作業員の撤退という事態は、作業員の生命と健康を守るための措置であった。しかし、もし作業員の大半がいなくなり、事故対応ができなくなれば、その結果は多くの市民に深刻な被害をもたらしうる。

２０１４年11月13日に追加公開された調書の中に、東電の下請けの南明興産社員の調書が存在する。この社員は３月15日の朝に２Ｆに避難していた。だが、その後４号機で火災が発生し、「あなたたちの仕事なんで戻って下さい」と東電社員から言われたが、上司が「安全が確保できない」として、この依頼を断り、柏崎に向かったと証言している。まさしく、火事が起きても、これを消しに行く者がいない深刻な状況が発生していたのである。

朝日新聞の吉田調書報道は、このような3月15日の朝の事故現場の衝撃的な混乱状況を「所長の命令違反の撤退」と表現した。事故対応作業を停滞させる異常な混乱が生じていたことは事実であり、個々の作業員に指示が届いていなかった場合があったとしても、本稿で客観的な証拠とも照らし合わせて論証するように、所長の指示命令に明確に反した事態が生じていたことは事実なのである。

取り消された朝日新聞の記事は、

「吉田調書が残した教訓は、過酷事故のもとでは原子炉を制御する電力会社の社員が現場からいなくなる事態が十分に起こりうるということだ。その時、誰が対処するのか。当事者ではない消防や自衛隊か。特殊部隊を創設するのか。それとも米国に頼るのか。現実を直視した議論はほとんど行われていない」

とその末尾で述べていた。

この記事の指摘は極めて重要であり、吉田調書が社会に突きつけている最重要の課題である。

(2) 重大事故時の決死的な作業についての制度的枠組みは今も不在のまま

このような事態を収束するための労働は、誰がどのような条件で担うことができるのか、憲法と労働法の枠組みの中で考えなければならない課題であるが、原発の再稼働が現実のものとなる現状では、真剣に考えておく必要がある。

このような労働は、軍役に服することと似通っている面がある。

日本国憲法18条は「何人も、いかなる奴隷的拘束も受けない。又、犯罪に因る処罰の場合を除いては、その意に反する苦役に服させられない。」と定めている。徴兵制は、「意に反する苦役」に当たり禁じられているとするのが、政府見解であり、憲法学説上の通説である。

だとすれば、生命の危険が現実的なものとなっているような段階における原発事故収束労働は徴兵制の下における軍務と同様に、憲法上誰も命ずることはできないこととなる。必然的に、このような労働は自発的な犠牲的労働によって担われざるを得ない。

電離放射線障害防止規則42条によれば、放射性物質が大量に漏れ、事故による実効線量が15mSvを超えるおそれがあるときは、直ちに労働者を退避させなければならないこととなっている。また、同規則の7条には「放射線による労働者の健康障害を防止するための応急作業」については、年間50mSvの限度を超えて、累積で100mSvまでの被曝労働を実施できることとされている。

事故直後の2011年3月14日には、この緊急時100mSvの枠をはずして250mSvまで被曝させてもよいという、異常に高い被曝基準が作られた。この緊急基準は、2011年10月には廃止されている。

国際放射線防護委員会（ICRP）Pub.96は、緊急時作業は十分な情報を提供した上で、志願者による前提で、500―1000mSvの被曝限度を設定し、さらに救命のためには線量無制限とする基準を示している。しかし、このような制度枠組みは、日本では福島の危機を経た今も検討は進んでいない。このような本質的な問題を見据えることもなしに、政府は、再稼働に突き進んでいるのである。

今回の記事取消によって、このような重要な指摘・問題提起までを葬り去るようなことは、決してあってはならないことである。

報道と人権委員会（PRC）見解に根拠はあるか

(1) PRC見解の理由付け

PRCが、吉田調書についての朝日新聞2014年5月20日付朝刊「命令違反で撤退」との記事を朝日新聞社が同年9月11日に取り消した件について、「報道内容に重大な誤りがあった」としてこの記事取り消しを「妥当」と結論づけた理由、根拠は次のようなものである。

PRCは1面記事「所長命令に違反　原発撤退」について①所長命令に違反したと評価できる事実はなく、裏付け取材もなされていない②撤退という言葉が通常意味する行動もなく、「命令違反」に「撤退」を重ねた見出しは否定的印象を強めている、とした。2面記事「葬られた命令違反」についても「吉田氏の判断に関するストーリー仕立ての記述は、取材記者の推測にすぎず、吉田氏が述べている内容と相違している」と指摘した。

この報告報道に接した多くの人は、9月11日の社長謝罪会見に続き、朝日新聞が極めて重大な誤報を行ったと信じたものと思われる。

しかし、私は、吉田調書などの公開を求め、情報公開訴訟を提起してきた原発事故情報公開弁護団の一員として、このPRC見解については以下のとおり重大な疑問を提起せざるをえない。そして、膨大な量のPRCの報告内容を読み込んでも、以上のような結論に至った明確な論拠を見いだすことは困難であった。PRCは取材記者に対しては事実と推測を峻別せよといいつつ、客観的に事実を確定できない経緯について推測の積み重ねにもとづいて論旨を組み立て、吉田調書報道を論難しているにすぎないように見える。

この問題をめぐって、私は雑誌『世界』(2014年11月号)において、「日本はあの時破滅の淵に瀕していた」と題する論考を発表したが、今回PRCの報告を読み、ここに引用されている後記の原資料にも当たって確認した結果、朝日新聞の当初の「命令違反による撤退」とする報道の方が正確なものであって誤報とされるようなものではなく、記事全体を取り消した朝日新聞の判断は誤りで、これを追認したPRC見解こそが誤報であると確信するに至った。その理由を以下に詳述する。

朝日新聞社とPRCは、放射性物質の大量漏洩が発生した2011年3月15日の福島第一原発の真実が何であったかを解明できておらず、真相をあいまいなままにして記事全体を取り消すことは、明らかに行き過ぎである。行われるべきであった作業は、続報記事をまとめ、一歩ずつ真実に近づこうとする努力を継続することだったはずである。事実の評価とその表現方法を理由として記事全体を取消すことは、調査報道に当たる記者を著しく萎縮させ、報道機関の取材報道の自由を損なうものであることをここで改めて強調しておきたい。

（2）「近くに退避して次の指示を待つ」という吉田所長の指示には裏付けがあることをPRC見解自身が認めている

ＰＲＣ見解は、「近くに退避して次の指示を待つ」という吉田所長の指示には裏付けがあることを認めている。このことは、記事の取消の相当性を判断するうえで決定的に重要なポイントである。該当部分を引用する。

「吉田氏は調書で「福島第一の近辺で、所内に関わらず、線量の低いようなところに一回退避して次の指示を待てと言ったつもり」と述べているが、それは①東京電力柏崎刈羽原子力発電所の所員がテレビ会議を見ながら発言を分単位で記録した時系列メモ（柏崎刈羽メモ）が、6時42分の欄に「構内の線量の低いエリアで退避すること。その後本部で異常でないことを確認できたら戻ってきてもらう」との吉田氏の発言を記録していること②東電本店が午前8時35分の記者会見で「一時的に福島第一原子力発電所の安全な場所などへ移動開始しました」と発表していることなどから、「近辺」か「構内」かの相違はあるが、裏付けられる。」

正直に言うと、私は、前記の『世界』11月号の原稿を書いた時点ではこの論考に示した資料は知らなかった。それまでにわかっていた、菅総理、枝野官房長官、海江田経産大臣などから聞き取った政府事故調の調書、さらには公表されていたプラントデータなどと総合して吉田調書をどう読むべきかを論じた。当時、現場では相当大きな混乱も起きていたし、吉田所長の1F内待機の指示の事実は確認できるとしても、それがどこまで本当に「指示」という形態であったのか、あの調書だけからでは読み取りにくいのである。少し曖昧なところが残るようにも感じたので、この原稿の段階では「誤報とまでは言えないのではないか」といった書き方をした。

だから、ＰＲＣ見解が指示の存否についてどのような判断をしているかを特に注意して読んだのである。そして、ＰＲＣ見解のこの部分を見て、「おや」と感じた。東電柏崎刈羽原発で、録音が消えている時間帯のテレビ会議録画を筆記したメモがあるという噂は聞いたことがあるが、そこに吉田調書と同様の指示が書かれていること、また、東電の記者会見でも、福島第二原発ではなく、福島第一原発の安全な場所などに移動したと発表されていたというのは初耳であった。

不勉強かもしれないが、私はこのような明確な情報があることを知らなかった。ＰＲＣ見解には、この情報についてこれ以上の詳しい説明はないが、東電本店会見時の配付資料や録画などはインターネットで簡単に確認できた。また、ＰＲＣ見解に引用されている柏崎刈羽メモもマスコミには広く行き渡っているようで、簡単に手に入った。それらを検討すると、次のような重大なことが次々に明らかになった。

（3）3月15日朝8時30分の東電記者会見では所員は構内に待機していることとなっており、2Fへの移動の事実は隠された

東電が3月15日の朝に環境中に最大量の放射性物質を放出したのは（例えば午前9時には事故後最高値を記録）、福島第一原発にいた720名のうち、650名が福島第二原発に移動した後だった。ＰＲＣ見解も、この650名の2Fへの移動が、吉田所長の構内待機の指示に反する状態であったことは認めている。その論拠として上げられているのが、吉田調書の記載と一致する柏崎刈羽メモと3月15日の東電記者会見のふたつであることは前述した。

午前8時30分過ぎ、東電本店で、撤退問題に絡む重要な記者会見が開かれた。会見者は吉田薫広報部部長であり、脇に技術者が座って会見は進められている。冒頭に、吉田部長は「本日はこのような事故を引き起こしまして、広く社会の皆様、市民の皆様をはじめとして広く社会の皆様にご心配とご迷惑をおかけし心よりお詫び申し上げます」と深々と頭を下げている。そして、手元に置いた紙を読み上げた。同じものが会見出席者にも配られた。

この文書タイトルは「福島第一原子力発電所の職員の移動について」であり、読み上げられた内容は次のとおりである。この文書は今も東電のウェブサイトで閲覧可能である。

「本日午前6時14分頃、福島第一原子力発電所2号機の圧力抑制室付近で異音が発生するとともに、この室内の圧力が低下をいたしましたことから、同室で何らかの異常が発生した可能性があると判断いたしました。今後とも原子炉圧力容器への注水作業を全力で継続してまいりますが、同作業に直接関わりのない協力企業作業員および当社職員を一時的に同発電所の安全な場所等へ移動を開始しました。現在福島第一原子力発電所では残りの人員において安全の確保に向けまして全力を尽くしております。なお、2号機の原子力圧力容器および原子炉格納容器のパラメーターに有意な変化は見られておりません。立地地域の皆様をはじめ、広く社会の皆様には大変なご心配とご迷惑をおかけしておりますことに対し、心よりお詫び申し上げます」（傍線は引用者）

この発表文のポイントは、所員の移動先として、福島第二原発ではなく、「同発電所」、つまり、福島第一原発の「安全な場所等へ移動を開始しました」と発表している点である。この記者会見が行われている時間帯にはすでに所員は福島第二原発に移動しすでに到着している時間である。しかし、この事実はペーパーの中で書かれなかっただけでなく、記者会見でも完全に伏せられた。既に６５０名が福島第二原発へ移動していたにもかかわらずこの事実を隠し、退避した社員は福島第一原発近くに待機していると発表していたのである。６５０名の移動は所長の指示に明らかに反していたからこそ、東電は記者会見においてこの事実を隠蔽したとしか考えられない。

後に詳述するように、吉田所長は国（保安院）や本店に「異常事態連絡様式」という文書をＦＡＸしており、そこには午前7時25分に福島第二原発に対策本部を移転し、「避難いたします」と連絡している。詳しくは、後述するが、対策本部を移転すると言うことは、福島第一原発における事故対策を基本的に断念するという意味合いであり、これは、原子力災害特別措置法にある通報文書である。

しかし、東電はこのような極めて重要な通報を国に行ったという事実を記者会見で公表しなかった。この東電本店会見の内容は、午前6時42分に吉田所長が発した一時待機命令に沿った発表内容だったと評価できる。会見ではこの撤退問題に関する質問も出たが、残った50人（この時は50人で発表されている。これが後に「フクシマ・フィフティー」と呼称されることになる）がいる場所などが質問される程度だった。主なやりとりを以下に紹介するが、約1時間にわたる会見で東電は所員の移動先が福島第二原発だったことに一言も言及していない。

会見での質問は主に2号機で何が起こったかに集中し、所員がどこに移動したかについての質問はない。その理由は東電自身が移動先として、福島第一原発の「安全な場所等へ移動を開始しました」と会見冒頭に発表しているからだ。

会見の重要部分を以下に反訳してみる。

会見問答①

質問者　なぜ移動させたんでしょうか。

質問者　いつ移動し始めたの。

質問者　それから、どこに移動してるんですか。何人？

プレスリリース 2011 年

福島第一原子力発電所の職員の移動について

平成 23 年 3 月 15 日
東京電力株式会社
福島第一原子力発電所

本日、午前 6 時 14 分頃、福島第一原子力発電所 2 号機の圧力抑制室付近で異音が発生するとともに、同室内の圧力が低下したことから、同室で何らかの異常が発生した可能性があると判断しました。今後とも、原子炉圧力容器への注水作業を全力で継続してまいりますが、同作業に直接関わりのない協力企業作業員および当社職員を一時的に同発電所の安全な場所などへ移動開始しました。

現在、福島第一原子力発電所では、残りの人員において、安全の確保に向け、全力を尽くしております。

なお、2 号機の原子炉圧力容器および原子炉格納容器のパラメータに有意な変化はみられておりません。

立地地域の皆さまをはじめ、広く社会の皆さまには大変なご心配とご迷惑をおかけしておりますことに対し、心よりお詫び申し上げます。

以　上

3 月 15 日　記者会見資料

東電　人数ですとか、具体的な場所については確認次第またご報告いたします。申し訳ございません。

質問者　それは把握してない？

質問者　放射性物質を避けるための移動と考えていいんですか。

東電　放射性物質を避けるためもありますし、線量が上がるのではないかと、上がる可能性があると判断したということだと思います。

東電　つまり、避けるためですよね。それは。

質問者　そうです。はい。

会見問答②

質問者　残った50人には混乱とかは見られませんか？

東電　我々テレビ会議につないでもうずっとやってますけれども、なんとか頑張ってまだ冷静に対処しているというふうに認識しています。

質問者　50人はどういうところにいらっしゃるんですか。

東電　事務本館横がですね、免震棟と言われる建屋がございまして、そこにおります。

質問者　それはどれ位放射線を防げるんですか。

東電　建屋自身が放射線を、特殊で防ぐということではなくて、一般の建屋で防げているという状況ですので、線量はちょっと今、具体的な数値は持ち合しておりませんが、線量の監視をしながら続けているという状況でございます。

質問者　炉を閉めるって選択肢はないんですか。

東電　炉を閉める？　炉を閉めると？　そういった選択肢も当然あって、すぐにはできないですから、当然それは選択肢の中ではあると思います。

質問者 さっきあの、ポンプ車4時間位で燃料切れるって話だと思うんですけども、その辺についてはどうするつもりですか。

東電 補充して対応してると。ポンプ車を変えるかもしくは補充するということで対応しているというふうに聞いております。

質問者 これは50人の方が？

東電（黒田） そういうことですね。はい。

この会見の内容を総合すると、次の3点の事実を確認できる。

①本店は所員の移動先として「福島第一原発内の安全な場所等」と発表している。

②東電は質疑でも福島第二原発に所員が移動したことは一切言及していない。

③東電発表は吉田所長が発した一時待機命令に沿った内容になっている。

朝日新聞が当初報道したように、吉田所長が福島第一原発に一時的に待機するよう指示する命令を発していたことは東電自らの公式文書と会見内容から明らかに裏付けることができる。

東電は、朝日新聞が5月20日朝刊で報道して以降、所長の指示は福島第二原発への移動も視野に入れたものだったと突然主張し始めた。例えば、朝日新聞の報道がなされた翌日である2014年5月21日における衆院経済産業委員会において、東電の広瀬直己社長は参考人として「吉田の指示を直接聞いた人間から改めてその点を確認し、ヒアリングをいたしましたところ、吉田の指示は、線量の少ない1F（福島第一原発）の敷地内が、もしなければ、2F（福島第二原発）も避難先として検討せよという指示だったというふうに申しております」と述べている。

PRC見解も、このような見解に立っているように見える。しかし、だとすれば、なぜこの会見で福島第二原発への移動の事実を隠したのか、説明がつかない。

東電が本店会見で2Fへの移動の事実を隠したのはなぜであろうか。まさに、このとき発生していた福島第二原発への移動という事態が、吉田所長の前記の福島第一原発構内での待機指示に反していたからであると考えるほかない。

（4）柏崎刈羽メモが明らかにする吉田所長の1F構内待機指示

この最も重要な瞬間については、テレビ録画の音声が収録されていない。なぜ、音声が記録されていないのかについての論争にはここでは深入りしない[18]。

吉田所長は3月15日午前6時42分、緊急時は福島第二原発に退避するとの前夜からの計画を変えて、第一原発近辺にとどまるように、吉田所長としてテレビ会議を通じて指示した。このことは、柏崎刈羽原発でテレビ会議内容を記録していたメモに残っていた。このいわゆる柏崎刈羽メモを入手したので、以下に添付する。この事実もPRC見解が取材記者の主張としてはじめて明らかにしたものである。この柏崎刈羽メモは当時、テレビ会議を通じて交わされたやりとりをリアルタイムで記録し、整理したもので、資料的価値は高い。

この記録から判明することは次のとおりである。午前6時18分の爆発音を境に退避を考える方向に転ずるが、午前6時30分には、所長はいったん退避してからパラメータを確認するという冷静な指示を行っている。午前6時33分には、必要な人間は班長が指名することと指示されており、所長が現場を何とか維持しようとしていることがわかる。このような経過を経て、午前6時42分に、「構内の線量の低いエリアで退避すること。その後本部で異常でないことを確認できたら戻ってきてもらう。（所長）」という指示が発せられているのであり、所長の指示としては、一貫していると評価できる。

実は、東電は2012年6月に公表した「事故調査報告書（最終）」に、この柏崎刈羽メモを引用しているが、決定的な午前6時42分の指示命令については隠している。最終報告書は本編とは別に論点を整理する編の中で「福島第一原子力発電所からの一部所員退避」というタイトルで撤退問題を採り上げている。
「本店及び発電所の緊急時対策室では、２号の圧力抑制室が破損した可能性の報告、チャコールフィルタ付全面マスク着用の指示などがあり、６時30分、『一旦退避してパラメータを確認する（吉田所長）』、『最低限の人間を除き、退避すること（清水社長）』、『必要な人間は班長が指名（吉田所長）』などのやり取りがあり、吉田所長が一部退避の実行を決断、清水社長が確認・了解した。班長の指名した者の氏名は同発電所緊急時対策室のホワイトボードに書き込まれた。福島第一原子力発電所には、吉田所長を筆頭に発電所幹部、緊急時対策班の班長が指名した者など総勢約70名が残留した。６時37分、吉田所長から異常事態連絡発信（71報）『２号機において６時00分～６時10分頃に大きな衝撃音がしました。作業に必要な要員を残し、準備ができ次第、念のため対策要員の一部が一時避難いたします。』として通報している。菅総理は、８時半ごろ本店から退去した。なお、同日、政府の原子力災害現地対策本部は、発電所立地点の大熊町オフサイトセンターを引き払い福島県庁に移動した」（本編78頁、傍線は引用者）
この記述には、出典が明示されていないが、東電の説明では当時の録音は残っていないとのことなので、テレビ会議システムでつながった柏崎刈羽メモからの引用であることは明らかである。表現も一致している。
続いて、その報告書では午前６時37分の異常事態連絡様式が紹介されているが、その後、２時間も時間が空き、菅総理が東電本店を去った午前８時30分頃の場面に突然飛んでしまっている。前述したとおり、同じ柏崎刈羽メモの午前６時42分には「構内の線量の低いエリアで退避すること。その後本部で異常がないことを確認できたら戻ってきてもらう。（所長）」という、命令の変更（＝一時待機命令）がなされていたにもかかわらず、このことは公表された東電の最終報告書からはすっぽりと落ちている。東電は、朝日新聞が報道するまで、この命令変更があったことを公表していなかった。最終報告書に引用されている柏崎刈羽メモに明確に記述があるにもかかわらず、このことを徹底的に隠そうとしたのである。以下、このメモは、公式に公表されていないので、これをそのまま文字に起こしたものを資料として掲載する。

		こととしている。
3:14	1F	相手に頼るところは、頼っていいと思う。但し、一方「こんなもんまで1F…?」という声も聞いているので、十分検討して進めて欲しい。(所長)
6:16	1F	S/C圧力0 減圧沸騰している模様
6:17	1F	1F2:炉水位 -2700/炉圧0.612MPa/D/W Mpa /S/C Mpa CAMS(D/W) (Wet)
6:18	1F	S/Cの底が抜けたか、先ほど音がした。
6:20	1F	退避も考える
6:21	1F	現場の人間を引き上げる
6:22	1F	チャコールマスク着用の準備を指示
6:24	1F	メルトの可能性(所長)
6:27	1F	退避の際の手続きを説明
6:29	1F	炉水位か上がっている
6:29	1F	TSC15~20μSv/h
6:30	1F	一旦退避してからパラメータを確認する(所長)
6:32	本店	最低限の人間を除き退避すること(社長)
6:33	1F	必要な人間は班長が指名すること(所長)
6:34	1F	TSC内線量変化なし
6:35	本店	残る人、所属等を連絡すること
6:40	本店	注水機能は維持すること
6:42	1F	構内の線量の低いエリアで退避すること。その後本部で異常でないことを確認できたら戻ってきてもらう。(所長)
6:43	1F	(6:20)131.5μSv/h (正門) 北西 1m/s n:検出されず
6:48	1F	SRV1弁開いている。
6:50	1F	(6:50)583.7μSv/h (正門)
6:51	1F	15条通報事象確認
6:53	1F	原子炉建屋周りの線量率を確認する。
6:54	1F	TSC内線量変化なし
6:54	1F	(6:53)369.8μSv/h (正門)
6:55	1F	1F-4 原子炉建屋の上部に変形を確認
6:57	1F	(6:55)456.5μSv/h (正門)
7:00	OFC	国より、警察をTSCに誘導するよう指示あり
7:02	1F	(7:02)882.7μSv/h (正門)
7:05	1F	TSC30μSv/h
7:06	1F	1F-4 原子炉建屋の屋根に穴があいている、破片が下に落ちている
7:07	1F	(7:05)387μSv/h (正門)
7:13	1F	(7:10)431.8μSv/h (正門)
7:14	1F	免震棟周辺5msv/h 前回より若干低下
7:18	1F	(7:15)360.8μ Sv/h (正門)
7:23	1F	(7:20)320.1μ Sv/h (正門)
7:40	1F	TSC内ダスト濃度 問題ない
7:41	1F	TSC内現在50名ほど。
7:41	1F	(7:38)1390μ Sv/h (7:40)520μ Sv/h (正門)
7:46	1F	(7:45)537.4μ Sv/h (正門)
7:48	1F	当直員は中操に戻した1/2号、3/4号とも

（1）

【３・15 柏崎刈羽メモ】

※表中の下線は筆者

1:51	1F	炉心損傷頻度10%
1:53	1F	1F2:炉水位Ｄ・S/炉圧0.630MPa/D/W0.725MPa/S/C0.33MPa
1:53	1F	1F2:CAMS(D/W)3.04E+01 (Wet)7.56+00
2:03	1F	1F2:炉水位Ｄ・S/炉圧0.630MPa/D/W0.725MPa/S/C0.33MPa
2:03	1F	1F2:CAMS(D/W)3.08E+01 (Wet)7.40+00
2:08	1F	1F2:炉水位 Ｄ・S/炉圧0.630MPa/D/W0.725MPa/S/C0.33MPa CAMS(D/W)3.09E+01 (Wet)7.37+00
2:08	1F	炉心損傷頻度10% CAMSのγ 線量は着実に上がっている
2:10	1F	1F2:炉水位 Ｄ・S/炉圧0.630MPa/D/W0.73MPa /S/C0.34MPa CAMS(D/W)3.11E+01 (Wet)7.27+00
2:17	1F	1F2:炉水位 Ｄ・S/炉圧0.630MPa/D/W0.73MPa /S/C0.34MPa CAMS(D/W)3.15E+01 (Wet)7.15+00
2:26	1F	1F2:炉水位 Ｄ・S/炉圧0.675MPa/D/W0.74MPa /S/C0.34MPa CAMS(D/W)3.22E+01 (Wet)7.0+00
2:26	1F	2F MP 23:45より上昇 1:50現在 MP-3 411μSv/h
2:30	1F	2個めのADSにチャレンジ中。
2:35	1F	1F2:炉水位 Ｄ・S/炉圧0.653MPa/D/W0.75MPa /S/C0.33MPa CAMS(D/W)34.6 (Wet)6.96
2:40	1F	1F2:ポンプ流量620リットル/分 吐出圧1.2MPa
2:45	1F	1F2:炉水位 Ｄ・S/炉圧0.653MPa/D/W0.75MPa /S/C0.32MPa CAMS(D/W)36.5 (Wet)6.88
2:47	1F	炉心損傷頻度11%
2:56	1F	1F3注入ラインが出来、2台直列につないで流量が出ている。1F2:ポンプ流量620リットル/分 吐出圧1.2MPa
2:56	1F	1F1:2台目ポンプ吐出圧 0.85MPa等の報告から、注水手段は出来たものと判断する。
2:56	1F	但し、1F2:D/W CAMSの線量率の上昇が気がかりてある。
3:02	1F	3/15の夜には工務/配電の応援を頂き、600kVの引き下ろし作業に着手出き、3/16には負荷への接続が出きそうである。
3:05	1F	損傷している使用済み燃料プールの手当も大事である。むき出しの状態にあるので具体的な手当を検討して急いで下さい。(社長)
3:05	1F	本店の復旧チームをつくり検討中である。
3:07	1F	1Fから消防車の手配を米軍にしているが、2Fに廻っている等あいまいな状況であると聞いているが?(社長)
3:07	1F	三春で南明隊が操作方法を習って1Fへ持ち込む予定としているものである。
3:10	1F	1F/2Fから4000トンの水の要求があったが、本当に必要なのか?(社長)
3:10	1F	補給水や除染水に当てたいと思っている。
3:10	1F	これからも厳しい状況にあるが、現場の要求をタイムリーに出してもらい、具体的に手当して行きたい。(社長)
3:12	1F	1F-2D/W圧力とS/C圧力に差が生じているが、炉への注水は出来てないと推測している。(イザワ当直長)
3:14	1F	米軍から「必要なものはないか?」との問い合わせが有り、明日対応する

		不在。
9:45	1F	2号ブローアウトパネルからの白い湯気?の量が増えており作業員は待避
9:46	本店	4号の火災、公設消防には手に負えない。防衛省等への依頼を早急に検討要。
9:50	1F	4号火災、4FL、PLR-MGセット室北側であることを目視確認
9:55	1F	開閉所:110mSv/h
9:58	1F	9:45 7241μSV/h（正門)
10:01	1F	4号の火災、米軍の消防車が対応すべく、誘導中。
10:02	本店?	NISA指示:Jビレッジの消防車を早く1Fに移動させ配備せよ。
10:06	1F	10:05?(10:15と発言) 8837μ Sv/h（正門)
10:10	本店	自衛隊が坂下ダムの水を汲んで4号にかけてくれることになった。4号のプールに水を落とす場所を案内できる人を用意してくれ。
10:20	1F	2/3号のT/B間(海側)30mSv/h、3号R/B山側400mSv/h、4号R/B山側100mSv/h
10:28	1F	10:25 正門:3342μ Sv/h 北東3m 中性子検出無し
10:36	1F	ボロンを混ぜる量は計算中。混ぜる場所は1F敷地外で(Jビレッジなどを検討)。
10:37	本店	10:30海江田大臣指示　1F4号機火災の消火に努めること。4号機SFP未臨界確保に努めること。1F1~3海水注入継続すること。
10:39	1F	2号SRV C弁を開放しているがアキュームレータ残圧少なく閉じるのは時間の問題。現場に近づくことが出来ないのでコンプレッサをつなぐ対応も出来ない状況。
10:42	1F	2号の注水は確認できている。プラントパラメータの監視は出来ていない。
10:44	本店	9:15 渋谷電力館で70nGy/h。通常の約2倍
10:51	1F	2号は大量のもやもや(水蒸気?)出ている。T/Bは50μ Sv/h程度。R/Bは150~300mSv/hと高い。
10:52	本店	1F2の注水は海から直接注入しているので、ボロンを混ぜられない状態。最悪再臨界もあり得る状態なので、注水ラインの組み直しを早急に実施し、ボロンが投入できるように。
10:56	2F	2Fは全台冷温停止。プール水温度は2~4で対応必要。
11:00	OFC	オフサイトセンターは県庁に移転する方向で調整中。一部メンバー(吉澤U所長、放射線管理)は2Fへ移動する方向。
11:06	1F	Jビレッジの8台はポンプ車だったことが判明
11:06	1F	4号の火災は(自然)鎮火の方向に向かっている(鎮火の判断は消防マター)
11:18	1F	正門にいた米軍誘導用の社員は一旦引き上げた。
11:19	本店	ヘリによる4号機プールへの散水は出来なくなった、はしご車に変更。どうやってやるか検討せよ。
11:20	本店	1F5/6中操も真っ暗であることを確認。
11:35	1F	プラントパラメータ(水位、炉圧、D/W圧、S/C圧) 1号機 -1700、0.185、0.42、D/S　2号機-1200、0.27、0.155、DS　CAMS（D/W：45.6、W/W：5.79）→炉心損傷割合＝14%程度　3号機-1900、0.349、0.420、D/S
11:38	1F	2号のブローアウトパネルからのモヤモヤ、ほとんど無くなった。
11:41	2F	2Fの旧緊対を1F用に使えるように準備してある。

7:52	1F	(7:50)1941μSv/h (正門) 現場では雨がパラパラ降ってきた(東風)
7:59	菅総理	1F-4 プールに水を入れないと危ないのではないか。要請が必要であれば早くだすこと。
8:08	1F	(正門)378μSv/hまで低下
8:13	1F	1F-4 R/Bオペフロ 何らかの爆発により損傷し、放射性物質放出の可能性があると判断
8:13	1F	(8:10)268.9μSv/h (正門)
8:15	1F	1F2:炉圧変化なし/D/W変化なし /S/C 0MPa
8:17	1F	TSC内69名
8:22	1F	735.9μSv/h (正門)
8:23	1F	(8:20)約800μSv/h (正門)
8:25	1F	1F-2 R/B白煙確認
8:26	1F	(8:25)1413μSv/h (正門)
8:32	1F	8217μSv/h (正門)、北東、1.5m/s
8:38	1F	2406μSv/h (正門)
8:43	1F	チャコールマスク、ガソリン400L、軽油400Lを要求
8:44	1F	8:40 1726μSv/h (正門)
8:45	1F	2号機は建屋から湯気が出ており、職員は待避中。新しいデータは採れない状況。
8:50	1F	8:45 1811μSv/h (正門) 北風1.9m
8:55	1F	8:50 2208μSv/h (正門) 北風1.8m、中性子検出無し
8:58	1F	プレス案(概略):4号で6時頃大きな音。原子炉建屋の屋根に損傷。外部への影響等は調査中。燃料はすべてプールにある。
8:59	1F	8:55 3509μSv/h (正門) 北東風1.5m、中性子検出無し
9:02	1F	9:00 11930μSv/h (正門) 北北東風1.5m、中性子検出無し
9:03	1F	ヘリによる散水と消防車による放水を平行で検討。必要水量は600t
9:05	1F	消防から、消防車の代数に対する問い合わせ。使用:5台、予備:5台、使用不能:5台。Jビレッジに8台予備あり。ホースは消防車の代数の3倍ぐらい欲しい
9:07	1F	4号の散水は、ホウ酸水を使用した方がよい。壁に穴が開いている場所から水を注ぐ。
9:10	1F	USホースジャパン、チャン氏より必要な資機材のリストを要求されている。→現在本店側で取り纏め中。(官邸マターとなっている)
9:13	1F	米軍より、消防車1台到着、2台目も向かっている。
9:15	1F	強力な無線機が欲しい。→0.5W~10Wクラスの移動局を120台準備中。
9:20	1F	2号機の状況:注水を維持するため、注入ポンプの確実性(操作者と燃料を確保)、SRVの開維持(コンプレッサを準備する)
9:28	1F	双眼鏡も手配願いたい。→資材班にて対応
9:30	本店?	空から撮影した1F1の写真確認も、瓦礫が散乱しておりオペフロの様子は確認できず。
9:33	1F	9:15 MP4:57.99μSv/h 9:20 MP4:50μSv/h
9:35	本店	KKへ依頼。東京からKK経由で医療班が向かうので防護服、チャコールマスク、少しでも多く乗せて欲しい。出来ればマスク400くらい。
9:39	1F	4号R/Bで火災発生。3階付近(4FL、PLR-MGセット室北側であることを目視確認:9:50)から赤い炎と黒い煙を確認。自衛消防隊が2Fに行っており、

（５）残っていた吉田所長から保安院へのＦＡＸ報告と取り消された報道の内容は一致し、ＰＲＣ見解は一致しない

吉田所長の構内での待避の指示を裏付ける第３の証拠が存在した。これは、公開資料であるが、これまで顧みられることがなかったものである。

福島原発事故時、福島第一原発は吉田所長名で、監督官庁である保安院に原発の状況を逐一、ほぼリアルタイムでファクシミリを使って伝えていた。「異常事態連絡様式」と呼ばれる公式な報告書で、いまでも保安院を引き継いだ原子力規制庁のホームページに誰でも見られる状態で保存されている。これは、東電本店にも送られている。

事故発生時に送付されたこの「異常事態連絡様式」に書かれた内容と、今回ＰＲＣにより記事取り消しが「妥当」と判断した5月20日付朝日新聞朝刊の報道の内容を比較すると、両者の間には矛盾がないことがわかる。

一方、ＰＲＣが出した見解の中で示されているストーリーは、この「異常事態連絡様式」からは裏付けられない。ＰＲＣ見解は、２０１４年5月20日付朝刊２面の報道を指して、「吉田氏の判断に関するストーリー仕立ての記述は、取材記者の推測にすぎず、吉田氏が述べている内容と相違している」と結論づけている。しかし、ＰＲＣがほかに拠るべき裏付け資料を持っていないのであれば、推測に基づくストーリーを展開しているのはむしろＰＲＣのほうと言わなければならない。以下、詳細に検討する。

吉田氏が「構内の線量の低いエリアで退避すること。その後、異常でないことを確認できたら戻ってきてもらう」と指示した２０１１年3月15日午前6時42分前後に送付された「異常事態連絡様式」のうちこの問題に関わるものは次の3枚である。なお、この3枚のＦＡＸが実際にいつ送信されたのかは、判然としない。ＦＡＸのヘッダーに印字された受信時刻と手書きされた発信時刻にはかなりのずれがある。この点には未解明な部分が残っていることを付記しておきたい。

①午前6時37分送付とされる第15条―70報（以下①報とする）
②午前7時00分送付とされる第15条―71報（以下②報とする）
③前7時25分送付とされる第15条―70報の訂正報（以下③報とする）

（6）対策本部を福島第二原発に移す指示を消したＦＡＸは指示の変更を裏付けている

①報には「2号機において、6時00分～6時10分頃に大きな衝撃音がしました。作業に必要な要員を残し、準備ができ次第、念のため対策要員の一部が一時避難いたします」と記述されている。

「2号機において、6時00分～6時10分頃に大きな衝撃音がしました。対策要員の退避準備ができ次第、対策本部を福島第二へ移すこととし、避難いたします」という下書きがあり、そこから「対策要員の退避」と「対策本部を福島第二へ移すこととし」を削除し、「作業に必要な要員を残し、」「念のため対策要員の」「一部が一時」を挿入して作られた跡が残っている。この①報が発信されたのは、書かれた時間である午前6時37分ではなく、同42分の吉田所長の指示の直後であると推測される。そして、原文から発信文になるまでの変化の過程と5月20日付朝刊2面の報道内容とは完全に一致している。

②報には「先ほどの退避については、念のため監視、作業に必要な要員を除き、一次（ママ）待避することに内容を訂正いたします」と記述されている。「退避」ではなく「待避」とすぐ現場に戻れる一時的な避難であることを示す言葉がわざわざ挿入して使われている。これも5月20日付朝刊2面の報道と矛盾する点はない。①報と合わせ読むと、矛盾がないだけでなく、前日の14日夜から準備されていた2Fへの「撤退の方針」が「待避の方針」へと転換されたことが明確に読み取れる。このＦＡＸは午前7時頃に発信されたものと推測される。

（7）7時25分FAX通報の対策本部の2Fへの移動は「撤退」にほかならない

ところが午前7時25分に送信したとされる③報には「6時10分頃に大きな衝撃音がしました。準備ができ次第、念のため対策本部を福島第二へ移すこととし、避難いたします」と記載されている。注目点は「対策本部」を福島第二原発に移動すると書いてあることである。対策本部自体の移動は、福島第一原発に残された人員がいるとしてもそれは対策の主力ではなくなるということであり、まぎれもなく撤退である。この時間にはすでに650名の福島第二原発への移動がほぼ完了していたはずで、福島第二原発への撤退という結果を追認したものへと報告が変わっているのである。しかし、この福島第二原発への撤退という報告は公式の会見では隠され、その後も闇に葬られてきた。事故対応の司令塔である「対策本部」を移すことは、単なる人の移動では済まされない事態だ。これは「退避」ではなく、「撤退」と呼称するほうが妥当である。

詳しく調べてみると、このFAXが公開された時点で正確に報じていたメディアがあった。2011年6月26日付の読売新聞朝刊がそれである。興味深い記事であるから、以下に引用する。

「東電「対策本部の撤退」伝達　2号機爆発時　保安院が報告資料公開

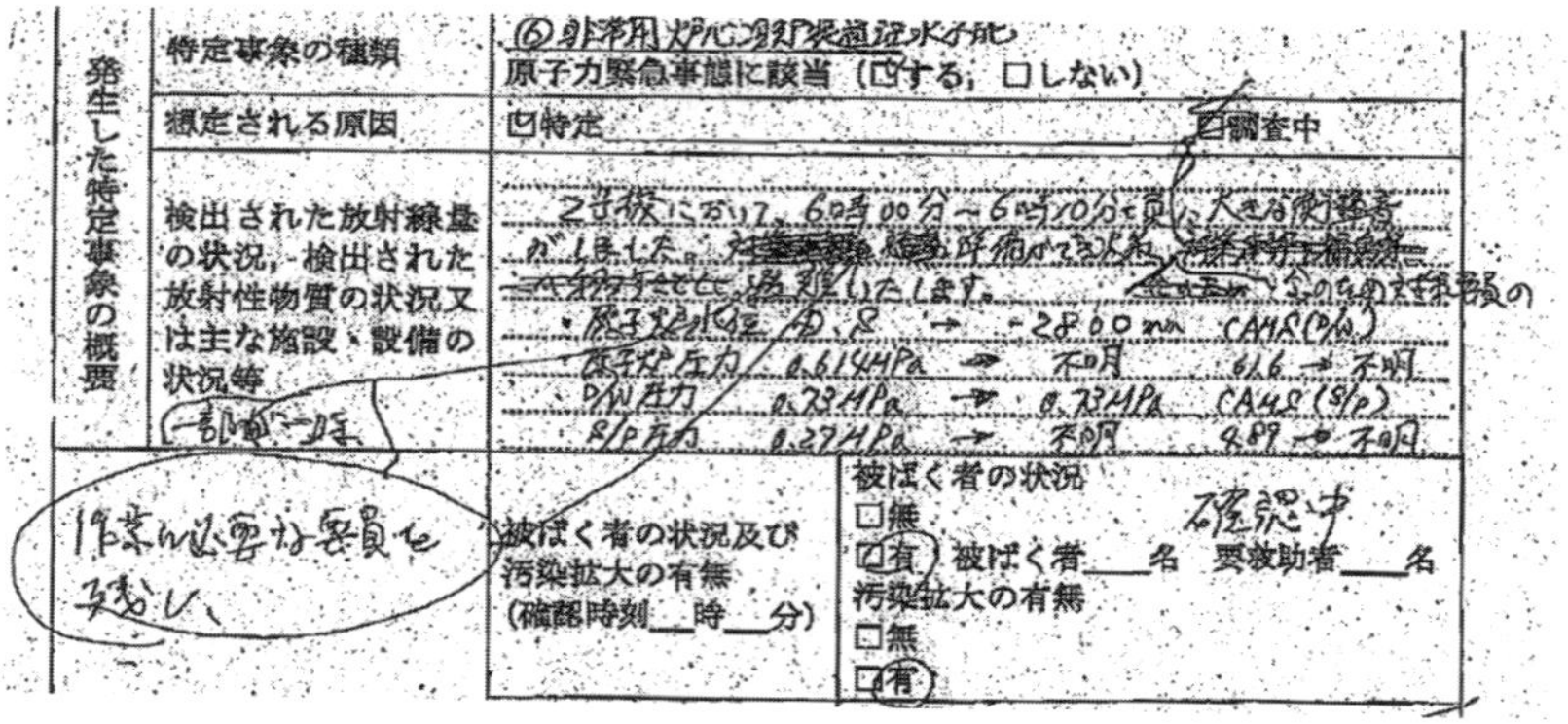

発生した特定事象の概要

特定事象の種類	原子力緊急事態に該当（☑する；☐しない）
想定される原因	☑特定　☑調査中
検出された放射線量の状況、検出された放射性物質の状況又は主な施設、設備の状況等	2号機において、6時00分～6時10分頃に大きな衝撃音がしました。
被ばく者の状況及び汚染拡大の有無（確認時刻__時__分）	被ばく者の状況　☐無　☑有　被ばく者___名　要救助者___名　確認中 汚染拡大の有無　☐無　☑有

午前6時37分送信と記載されたＦＡＸの重要部分

経済産業省原子力安全・保安院は２４日夜、東電福島第一原子力発電所事故が発生した３月11日以降、５月末までに東電からＦＡＸで受け取った約１万１０００ページ分の報告資料を同院のホームページで公表した。報告は原子力災害対策特別措置法に基づくもので、国際原子力機関（ＩＡＥＡ）への政府報告の裏付け資料に当たる。

この資料には、３月15日早朝に２号機で爆発が起きた際、東電が第一原発から緊急時対策本部を撤退しようとした経緯も記されている。東電側は爆発直後のファクスで「２号機で大きな衝撃音。対策本部を第二原発に移し、避難する」と報告、その後に「監視、作業に必要な要員を除き、一時退避」と訂正していた。」

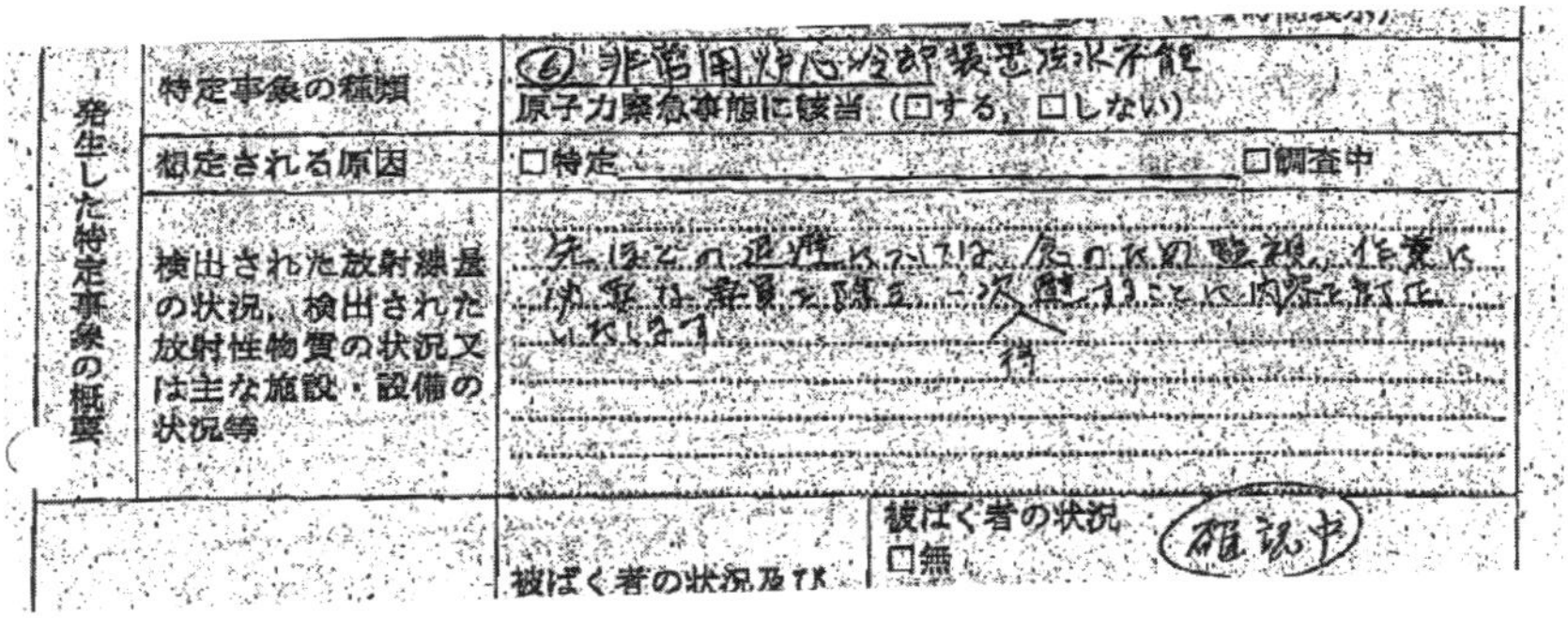

発生した特定事象の概要		
	特定事象の種類	⑥非常用炉心冷却装置注水不能 原子力緊急事態に該当（□する，□しない）
	想定される原因	□特定 □調査中
	検出された放射線量の状況、検出された放射性物質の状況又は主な施設・設備の状況等	先ほどの退避については、原子炉の監視、作業に必要な要員を除き一次退避することに内容を訂正いたします
	被ばく者の状況及び	被ばく者の状況 □無 確認中

午前７時送信と記載されたＦＡＸの重要部分

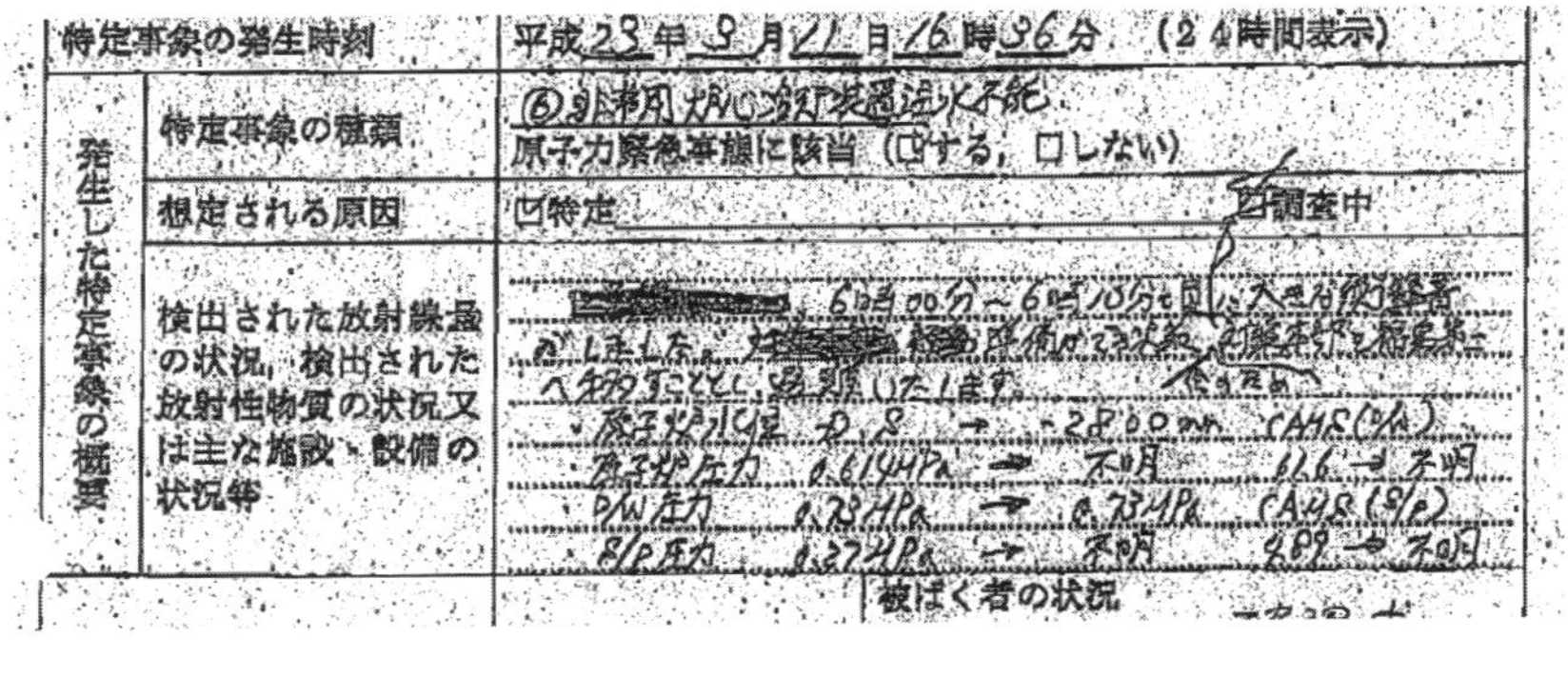

特定事象の発生時刻		平成23年3月15日6時36分（24時間表示）
発生した特定事象の概要	特定事象の種類	⑥非常用炉心冷却装置注水不能 原子力緊急事態に該当（□する，□しない）
	想定される原因	□特定 □調査中
	検出された放射線量の状況、検出された放射性物質の状況又は主な施設・設備の状況等	6時00分～6時10分頃に大きな衝撃音がしました。対策本部を第二原子力発電所へ移すこととし、退避いたします。 原子炉水位 … → … 原子炉圧力 0.614MPa → 不明 D/W圧力 0.73MPa → 0.73MPa S/P圧力 … → 不明
		被ばく者の状況

午前７時25分送信と記載されたＦＡＸの重要部分

この記事に引用されているFAXは最初のものが午前7時25分の③報であり、訂正していたとされているのは、午前7時の②報であり、すこし時制が混乱しているが、いずれにしても、1万1千頁の中から、このFAXに注目した記事は出色のものである。読売新聞は、福島第二原発への撤退などなかったとする朝日新聞批判の報道を続けてきたが、この自社の記事とどのように整合性をとるのであろうか。

ＰＲＣは「約６５０人が第二原発に移ったと言っても、第一原発には吉田氏たち69人が残っており、本部機能はまだ第一原発にあった」などとして、「撤退」という言葉が通常意味する行動もなく、朝日新聞5月20日付朝刊「命令違反で撤退」との記事は「命令違反」に「撤退」を重ねた見出しは否定的印象を強めている、と批判している。しかし、福島第一原発自体が吉田所長名で監督官庁に対策本部を福島第一原発から福島第二原発に移動したと公式な報告を行っていたのであるから、その批判の根拠は完全に崩れている。ＰＲＣ見解は、この重要な客観証拠と両立しない。この点はＰＲＣ見解の決定的とも言うべき誤りである。

（8）吉田所長の1F内待機の指示は明確

たしかに、吉田調書の記載だけをもとに議論すると、3月15日朝の吉田所長の指示には、不明確な印象があったことは前述した。朝日に対するバッシング報道は、吉田調書の中の福島第二原発への移動を追認した箇所を梃子《てこ》として、撤退報道が事実に反するものと決めつけた。

しかし、15日午前6時42分、テレビ会議を通じて吉田氏は緊急時は福島第二原発に退避するとの前夜からの計画を変えて、福島第一原発近辺にとどまるように指示している。この指示は、前記のように、柏崎刈羽メモで正確に記録されていた。そして、同日の午前8時30分からの記者会見においては、東電が報道に配布した広報文書に、この指示内容が明記されている。

この指示は、福島第一原発の最高責任者としての発言であり、本店の会見においても、発電所名義の公式文書に記載されているのであるから、まぎれもなく、所長の公式の指示命令にあたる。テレビ会議の映像には、所員を指揮するはずのGM（グループマネージャー）とよばれる部課長級の幹部社員も何人か映っている。彼らはこの指示を認識していたはずである。

にもかかわらず、所長の明確な指示と違う結果が生じており、その過程にはGMとされる幹部職員の中に、東電が明らかにしていないために誰とは特定はできないが、この指示に背いた者がいたことが推測できる。実際、吉田所長は調書の中で「2Fに着いた後、連絡をして、まずGMクラスは帰って来てくれという話をして、まずはGMから帰ってきてということになったわけです」と答えている。

PRC見解は、撤退指示が曖昧だとする理由として次のように述べている。

「吉田氏は、周囲に対し、これまでの命令を撤回し、新たな指示に従うようにとの言動をした形跡は認められない。」

「1面記事は「所長命令に違反 原発撤退」の横見出しと、「福島第一所員の9割」の縦見出しにあるように、所長命令に違反して所員の9割が撤退したとの部分を根幹としており、前文はそれに沿う内容となっているところ、「所長命令に違反」したと評価できるような事実は存在しない。裏付け取材もなされていない。」

「吉田氏は調書で、部下にうまく情報伝達されなかった理由を「伝言ゲーム」とも言っている。吉田氏の指示が所員の多くに的確に伝わっていた事実は認めることができない。」

「すでに第二原発への退避行動が進行している最中における重大な計画変更であるから、通常は計画の変更を確実に伝えるため、何らかの積極的な言動があるべきであると思われるが、そのような事実も認められない。」

「吉田氏は調書の中で「2号機が一番危ないわけですね。放射能というか、放射線量。（多くの所員が詰めていた）免震重要棟はその近くですから、ここから外れて、南側でも北側でも、線量が落ち着いているところで一回退避してくれというつもりで言ったんですが、たしかに考えてみれば、みんな全面マスクしているわけです。それで何時間も退避していて、死んでしまうよねとなって、よく考えれば2F（第二原発）に行った方がはるかに正しいと思ったわけです」と述べている。所員が2Fに行ったことを肯定しており、第一原発やその近辺への退避指示は適切ではなかったことを認めている。」

などとして、吉田所長の指示は明確でなく、末端に徹底されていなかったとする。ここに言及されている「裏付け取材もなされていない。」との批判は、一見もっともらしいが、よく考えてみるとおかしな議論である。

記事の裏付けのためには、事件に近接した時期の客観的な資料こそが重要であり、徹底して事実を隠そうとしている東電関係者に事故から3年以上が経過した時点で裏付け取材をしても、話の辻褄を合わせられ、記事を裏付ける取材結果を得ることは至難であろう。また、そのように批判する者は、東電関係者の現時点での証言が正しいのかどうかをどのようにして「裏取り」すればよいとするのだろうか。吉田所長が死亡し、本人への取材はもはや不可能である。東電のGMレベルで現場にいた者の政府事故調の調書は1名の例外を除いて本人の同意が得られず、公開されていない。1名だけ公開されているのは磯貝拓第1保全GMである。この調書で15日のことについて触れている箇所には決定的な記述があることを私は見つけた。すなわち電源復旧の中心的業務に従事していたGMも福島第二原発に行って、その後も「人員として半減しました。」とされている。福島第二原発に所員が撤退した後、ほとんどの所員が戻ってはきていなかったことを東電のGMクラスが証言していたのだ。後述するが、この証言は3月16日のテレビ会議でのやりとりと一致する。15日以降の福島第一原発のコントロールが困難となっていることが裏付けられるが、問題なのは、ここでも、「退避指示」の内容を特定する決定的に重要な部分が黒塗りされていることだ。

他の幹部職員は、全員が調書の公開に同意していない。調書の公開すら拒んでいる者が、事故から4年を経過してメディアを前にして語ることが信用できるだろうか。私は、そのようには考えない。客観的な一次資料と付き合わせて、真否を判定する以外に確実な方法はないと考える。

客観的な資料と対比すれば、吉田所長の指示にはなんらあいまいさはなく、柏崎刈羽メモにも記録され、その指示に符合する公式のプレスリリースが公表されていたのである。また、保安院や東電本店へのFAX報告においても、明確に吉田所長の指示内容に即した報告がいったんはなされていたことが確認できた。

650名の2Fへの移動は明らかに吉田所長の公式の指示に反している。東電本店も指示違反の状態が生じていることを認識しつつ、この事実を当日朝の記者会見の場で隠蔽したことになる。

【取扱い厳重注意】

14日11時頃の3号機の爆発後、作業員の移動に使った車が飛ばされている写真を見ましたが、電源車自体は使用できるという話を聞きました。

作業員は1度中央操作室に戻りましたが、明るいうちに被害状況の確認を行うため、再度現場に行きました。

再度ケーブルなどの復旧を行うかと考えていたところ、本店から電話を受け、東北電力から電源を融通するにあたって、

予備電源変電所の復旧の検討

を始めたのが15日あたりでした。

この予備電源変電所とは、外部の高圧電源を発電所内で6000Vに変圧する機器であって、1、2号機の開閉所の近くに設置されているものです。

東北電力から電源が供給されるラインであり、東京電力原子力線と呼ばれているものです。

このケーブルは、予備変電所から道路に沿って正門の方角に敷設し、1号機北側から建屋の中を通って2号機P／Cまで敷設しました。

この作業は、本店の配電部や関電工など関連企業から100人程度作業応援要員が来ており、20日に完了しました。

一方で、3号機の爆発後、電源車からの電源確保の作業も継続していましたが、15日朝に、[redacted]退避指示があり、現実的な作業は15日昼までできていません。

なお、私も含め電気機器グループのメンバーは福島第2原子力発電所に退避し、その後、海水注入が継続されており格納容器がなくなるような状況ではなかったことから、[redacted]第2運転管理部長から戻るように指示され、[redacted]グループマネージャーを含めた数名で戻りました。

その後、メンバーから恐怖や多少の非難はあった中で、チームリーダーやベテラン作業員も戻りましたが、人員としては半減しました。

電気機器グループが戻って行う作業は、1、2号機の電源車からの電源復旧であり、原子力線からの外部電源復旧とほぼ同時期である20日に復旧作業が完了しました。

なお、3、4号機については、爆発の影響が少ない一方、外部電源は1、2号機へ供給するため、引き続き電源車によるラインで電源を確保しました。

電源車は、燃料の消耗が激しく、累積線量が上がっている中で燃料を補給することも大変でした。

磯貝拓　調書（部分）

650名の2F撤退後の1F

（1）残された70名だけで、深刻化する4機の事故炉の対応ができたのか

次の問題は、この時点で吉田所長の下に残された70名程度の要員で、絶望的な事態を深めている4基の原発の事故管理、対応が可能だったのかについて論ずる。事故時には、高線量区画に近寄り、弁の開閉など何らかの機器操作を行うためにも、多人数の作業員による人海戦術が必要であった。このような対応が可能な状況にあったのかが問われなければならない。

3月15日の段階で1Fの1・2、3・4号機は中央操作室に常駐できないほど線量が高かった。定期的に人を送ってデータをとっていた（吉田０５１　58頁）。「中央操作室も一応、引き上げさせましたので、しばらくはそのパラメータは見られていない状況です。」（吉田　０７７—１—４　56頁）という状態である。

東電ＨＰに公表されているプリントパラメータデータ・アーカイブによると、3月15日午前7時20分から11時25分まで、2号機では約4時間にわたって、プラントデータの記録すらできていない。

14—15日の状況では、むしろ緊急対策本部の要員４００人でも足らず、さらに作業員を追加して、集中的なオペレーションをしなければ

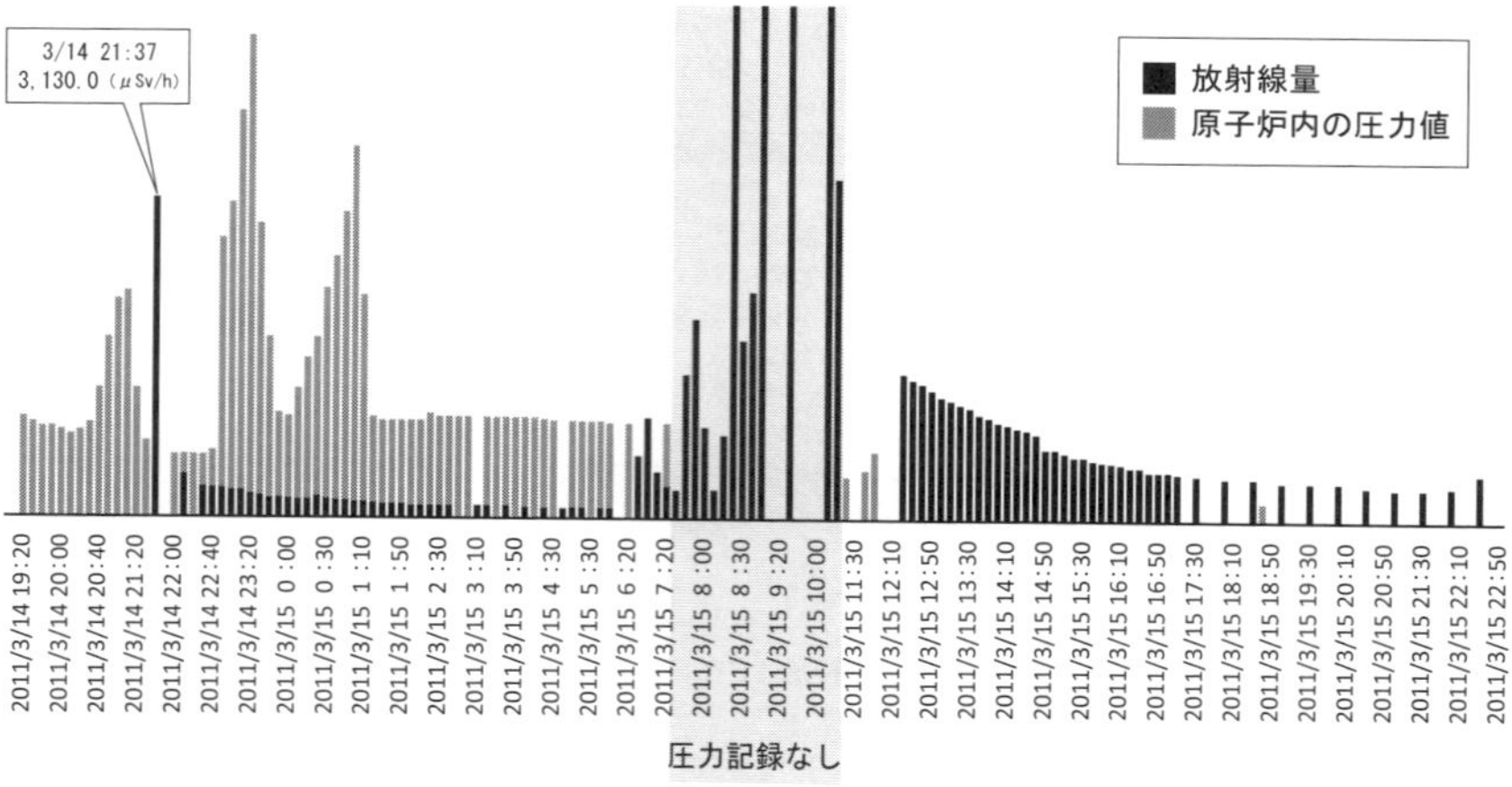

炉の圧力のデータもとれていない空白の４時間。河合裕之監督映画『日本と原発』より（『言いがかり』七つ森書館から転載）

ならない状況だった。しかし、東電の最高幹部らは、吉田所長の指示にも反して、事故対応の判断に不可欠なＧＭレベルの幹部を含む６５０人の作業員を２Ｆに移動させたのだと考えざるを得ない。

（２）事故対応に必要な要員も２Ｆに撤退し、なかなか人員は回復しなかった

このことを裏付けるように、線量が下がりはじめた15日の正午ごろから順繰りに作業員を戻している。しかし、作業に必要な要員は、16日になっても全く充足できない状況が続いていた。詳しくは後述する。

いったん事故原発はコントロールを放棄された状態に陥っていたのである。戻した人員の中にはＧＭレベルの職員や運転員までが含まれている。吉田氏は「作業ができる人間だとか、バックアップできる人間は各班で戻してくれという形は班長に」と述べている（吉

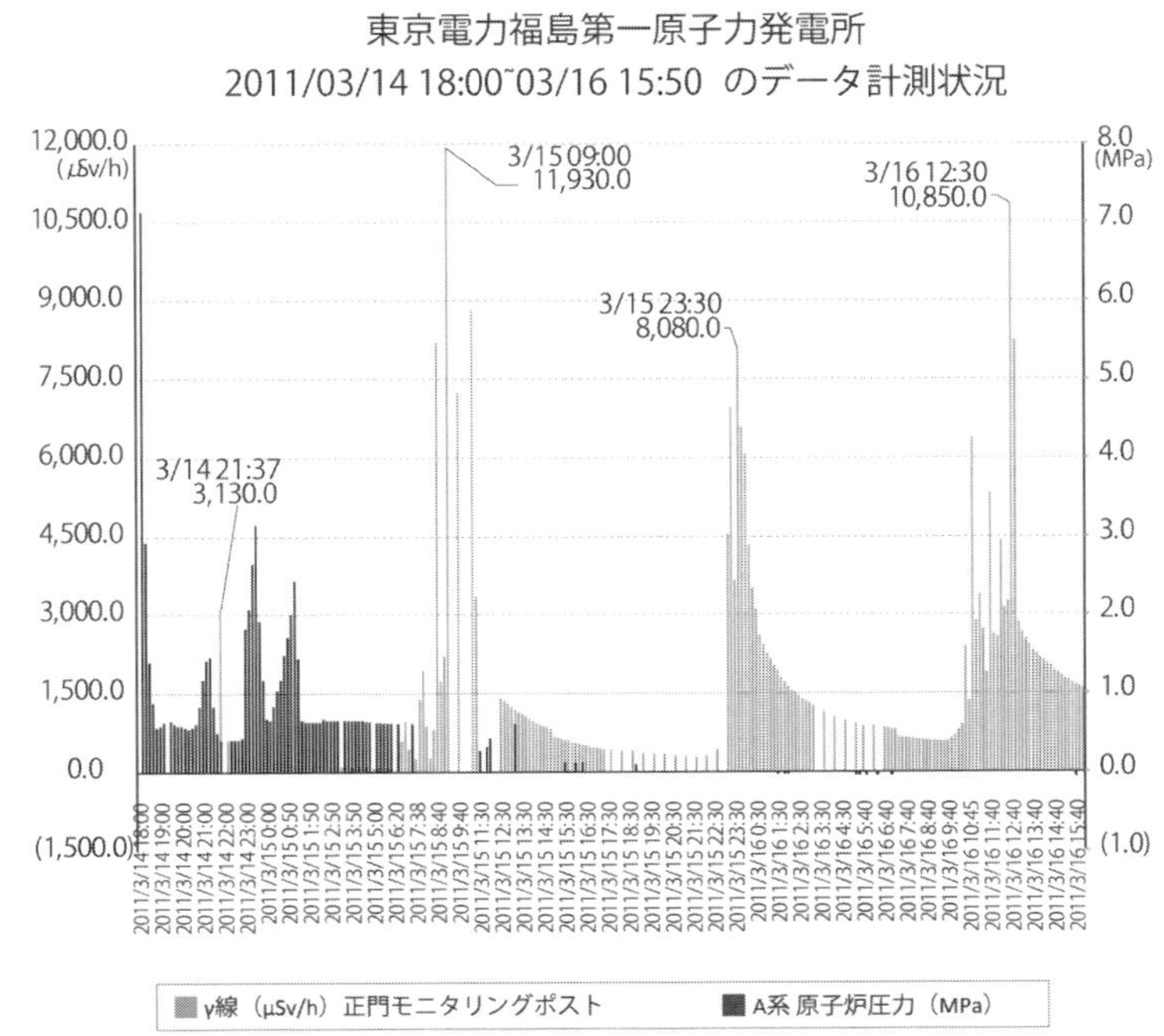

河合裕之監督　映画「日本と原発」より　12時頃から線量が下がった

田　077−1−4　57頁）ことから裏付けられる。吉田氏の発言からも明らかに自らの指示に反した事態が生じていたことが裏付けられるのである。

（3）朝日新聞報道は作業員の名誉を傷つけたか

650名の作業員の大半の者たち、とりわけ下請け作業員らにとっては、吉田所長の必要な要員は残るという指示は徹底されておらず、東電社員の指示に従って移動したという認識であるから、朝日新聞報道によって「所長の命令違反」と言われたことに、違和感があったことは理解できる。しかし、所長自身が「しようがないな」というように、所長の指示には明らかに反した状態になっているのである。

そして、問題の本質は、3月15日の午前中の福島第一原発は、沈み行く船と運命を共にする覚悟を固めた船長にも比せられる所長と、これに従う少数の作業員だけを残し、事故対応のために不可欠なデータもとれない、絶望的な状況に陥ったということである。吉田所長の「死を覚悟した、東日本全体は壊滅だ」というイメージこそ、国民的に共有しなければならないことである。

事故当時の作業員の気持ちを知る上で最も客観的な資料は国会事故調の行った従業員アンケートである（参考資料編194頁以下）。5500人の調査対象から2415通の回答を得ている。ここではっきりと示されていることは、事故によって原発が危険な状況になっていることや避難指示が東電から適切になされなかったという多数の意見が示されている。また危険な作業に対して支払われるはずの危険手当が現場の労働者にきちんと支払われていないことにもクレームの意見がある（同214頁）。もちろん、「命の危機を常に感じていた」「命をかけて行った対応に対するフォローが全くない」「残って業務をしたことに誇りを感じる」などの意見もある（同215頁）。このようなフォローがなされてこなかったことが、今回の朝日新聞の報道に対して、現場の従業員から批判の声が高まった遠因であろう。

（4）朝日新聞吉田調書報道は誤報ではない

朝日新聞の報道は、２０１１年3月15日の朝の事故現場の衝撃的な混乱状況を「所長の命令違反の撤退」と表現したのである。異常な混乱が生じていたことは事実である。末端の作業員に指示が届いていなかったとしても、ＧＭレベルの中堅幹部の中には、所長の指示を理解していながら、これに反して福島第二原発への撤退を進めた者がいたことは否定できない。これを「所長の命令違反の撤退」と指摘して、どこが誤っているのだろうか。

事故炉のコントロールが回復できたのは偶然の幸運としか言いようがない

（1）事故炉がコントロール不能とならなかったのは幸運としか言いようがない

事故炉が次々にコントロールできなくなる絶望的な状況が現実のものとならなかった理由は何か。3月15日の昼の段階で、吉田所長らが予測したように、現場に近寄れなくなるほどの線量の上昇が継続するような事態にはいたらず、いったんは午前9時には１１９３０μＳｖ／ｈに達していた線量は当日の午後1時50分には９６９μＳｖ／ｈまで下がった。

（2）撤退した所員は戻らず、作業に支障が発生していた

15日の朝に撤退した６５０人は、なかなか元には戻らなかった。

報道機関に公開された東電のテレビ会議録画によると、翌16日の朝の午前8時15分ころの記録に、16日の午前1時半現在で、構内に残っていたのは１８１人、内社員は１７７人、協力企業4人と報告されている。筆者が入手した柏崎刈羽メモには福島第一原発には69人が残ったと記録されていることから、この時点で、６５０人のうち、ようやく１１２人が戻ったこととなる。8割以上が戻っていない計算だ。しかも、その１１２人が全員、福島第二原発から戻った所員であるかどうかは判然としない。

８割もの所員が24時間以上経っても福島第一原発に戻ってきていない状況が続いたことで、事故対策の作業にも影響が出てしまった。これもテレビ会議に記録されている。翌日の夕方である16日の午後6時ころの記録では、「福島第一発電所は、今、すべての通信回線が途絶しております」「昨日の退避のときに通信の人間３名が全員退避してしまって今誰もいない状態。マネージャーだけしかいない状態」と報告されている。重要なのは、福島第二原発に行った所員の中に作業に欠かせない人間が含まれていたことで、このように実際に事故対策に支障が生じていたのである。この点は、吉田所長の命令に反する事態が事故対応に支障を生じていたことを事実として示している。

そして、翌16日の正午すぎのテレビ会議記録では、福島第二原発に行った福島第一原発の社員59名が現地に向かっていると報告されている。記録によると、その目的は「支援」とあるが、具体的にどのような「支援」なのかはそのやりとりから判然としない。その後、無事に59名全員が本当に福島第一原発に到着したのかも不明だ。それでも、仮にその59名全員が福島第一原発に戻ったとしても、１８１名から69名を除いた１１２名に、この59名を加えた１７１名しか福島第一原発に戻っていない計算になる。15日朝から1日半以上が経った段階でも7割以上の所員が福島第一原発に戻っていなかったことになる。前述した磯貝調書の証言とも一致する。

前述したように、緊急時対策本部には４００名の要員が必要だと言うことが、吉田調書から判明している（60頁参照）。緊急事故対応ができる人員は回復できていない。

朝日の報道を批判する人たちは「大勢の作業員が戻ってきてる」という趣旨の主張[19]をして、だから撤退ではなく退避だ、とする根拠にしているが、一次資料にはその主張を裏付ける根拠を見出せない。ＰＲＣも同様で、見解の中で、「いったん第二原発に移動した所員らの相当数が正午以降に第一原発に戻っている」と断定している。いずれも根拠を示すことなく、推測と事実誤認に基づく主張だと言わざるを得ない。

問題は、このようにテレビ会議を通じて、東電が所員の人数を把握し、報告しているということだ。にもかかわらず、東電は福島第二原発に行った所員の内訳や戻って来た人数、その役職などを一切公表していない。

東電は事故検証を進めるためにも速やかに公表すべきだ。

なぜ、吉田所長は1F内待機を命じたのか

（1）ＰＲＣの分析

ＰＲＣ見解は吉田所長による福島第一原発内待機の指示の存在を認めながら、以下のような点から、実質的には、「命令」と評することができるまでの指示があったと認めることはできず、所員らの9割が福島第二原発に移動したことをとらえて「命令違反」と言うことはできないとしている。

しかし、吉田所長による福島第一原発所内待機の指示は、テレビ会議を通じて発せられている。当時の社内の指示はすべてこのシステムを通じて、緊急時対策本部長席に座って発話する方法でなされていたのであるから、この記録に指示が記録されていることをもって、このような指示命令が存在したことの証拠は十分である。さらに、前述したように、これを明らかに裏付ける、東電記者会見のプレスリリースと、保安院宛のＦＡＸによる指示などが存在していたことが明らかになった。柏崎刈羽メモには「（所長）」という発言者名が明記されており、指示が「指示」として記録されていることからも、このような指示命令が存在したことの証明として十分であると考える。

指示命令は明確であり、指示があいまいであるとするＰＲＣ見解には根拠がない。

（2）ＰＲＣが無視した吉田調書の記載

２０１１年8月9日の聴取記録で、吉田所長は次のように語っている。ここでは、格納容器破損による放射線量の上昇の有無を確認してから「次のステップを決める」という、判断の過程を詳しく証言している。

「○回答者（吉田所長、以下同）…（中略）…それは、どちらかというと、ストップして何したかというと、周辺

の放射線量だとか、そこをまずしっかり測れと。だから、何かあったと。何かあったから、まずは引き上げろと。一番重要なのは、放射線量が急激に増加する、格納容器が破れるということで、急激に放射線量が上がるわけですから、それをまず確実に測定して連絡しろと。その値を見て、どう操作をするかとか、次のステップを決める、こういうことですから、まずはそういう対応をした。

○質問者（政府事故調、以下同）その後、例えば、パラメータとか、要するに、何が起こったかと。

○回答者　中央操作室も一応、引き上げさせましたので、しばらくはそのパラメーターとかは見られていない状況です。いずれにしても、まずは放射線量がどうかということで、それが大きく変化するようであれば、またそれは考えないといけませんし、まずはそこをしっかり見ましょうと。」（吉田　077―1―4　56頁、カッコおよび傍線は引用者）

ＰＲＣは、この証言を取り上げて議論の対象としていない。これは決定的なミスだと言える。この証言は、吉田所長の福島第一原発内待避の指示の根拠となる事実認識を示す重大なものである。

もとより、証言には記憶違いや意図的な隠蔽など様々なバイアスがかかっており、その検証をすることが求められる。それでは、そのような検証をする際には、どのような資料に依拠すべきだろうか。繰り返すが、私はできる限り、事故に近接して作成された客観性の高い資料を重視すべきであると考える。

柏崎刈羽原発側で記録していた柏崎刈羽メモは当時、テレビ会議を通じて交わされたやりとりをリアルタイムで記録し、整理したもので、資料的価値は高い。少なくとも政府事故調の中間報告書が発表される同年12月以降の証言、特に当事者である東電関係者の証言を使い、遡って吉田調書を検証することは政治的なバイアスなどを無視することはできず、客観性や信頼性は低くなると私は考えている。ＰＲＣはこうした報道の客観性を担保するための報道のイロハを理解していないように見受けられる。

この柏崎刈羽メモには「6：42　構内の線量が低いエリアで退避すること。その後本部で異常でないことを確認できたら戻ってきてもらう」と記載されている。さらにその11分後には「6：53　原子炉建屋周りの線量率を確認する」との記載もある。

ＰＲＣが無視した「一番重要なのは、放射線量が急激に増加する、格納容器が破れるということで、急激に放射線量が上がるわけですから、それをまず確実に測定して連絡しろと。その値を見て、どう操作をするかとか、次のステップを決める、こういうことですから、まずはそういう対応をした。」という吉田所長の証言とこの柏崎刈羽メモは完全に合致している。ＰＲＣ見解を読むと、ＰＲＣは朝日新聞側からこの柏崎刈羽メモの提供を受けていると推測される。にもかかわらず、柏崎刈羽メモと吉田証言のこの部分についての照合と考察がなされていない。この最も重要な客観証拠をなぜ無視したのか、このような検討姿勢が公正なものといえるのか、誠に疑問である。

（3）2F退避の指示が途中で変更されたことは下請けの作業員の調書でも裏付けられる

福島第二原発への撤退という方針は確立されたものではなかった。この3月15日、本店で午前6時頃に演説をした菅総理の「撤退はあり得ない」という演説がなんらかの形で、この方針の動揺に影響した可能性もある。

このことは、今回新たに公開された東電下請けの南明興産社員の陳述書からも裏付けられる。該当箇所を、次のページに掲げる。

この調書では、前日の14日深夜に菅総理の演説があったことになり、客観的な事実とは完全に符合はしない。しかし、いったん決められた福島第二原発への退避の方針が官邸の意向で中止となり、その後、2号機の爆発（当時多くの人がそう考えたが、実際には4号機であった）によって、再度「退避」することとなった状況が説明されている。

これまで述べてきた経緯と概ね符合しており、下請け社員の受けた印象の記録として貴重なものである。

（4）所内に線量の低い箇所はあったのか

PRC見解の中で技術的に疑問な点は、福島第一原発構内には免震重要棟内より線量の低い箇所などはなく、所内待機の指示には合理性がないとしている点である。(20)

PRCは所員が午前6時42分の時点では、すでに免震重要棟の外にいるという事実を見落としているのではないか。柏崎刈羽メモに記載されている各地点の放射線量を比較すれば、PRCのような主張には全く根拠がない。

PRCの見解によれば、午前6時42分に発せられた吉田所長の「構内の線量の低いエリアで退避すること。その後本部で異常でないことを確認できたら戻ってきてもらう」との指示があったとき、「すでに第二原発への退避行動が進行している最中」だった。だとすれば、所員は全員でないにしても免震重要棟の外に出ている、あるいは外に用意されているバスに乗車していると考えるのが相当である。これは、PRCの見解によらなくとも、柏崎刈羽メモには午前6時27分に「退避の際の手順を説明」とある。東電が開示したテレビ会議の映像を見ても午前6時30分ごろから人の移動があわただしくなっていることが確認できる。福島第二原発に向けた退避行動がいったん起き、所員が免震重

【退避以降の状況】

○　3月14日22時ころ、給油の指導を終えて免震重要棟に戻り、サーベイを終えて一息ついていると、南明興産の社員から「秋元さん、早く着替えろ。」と言われ、寄ってたかって服を着させられた。周りを見ると東電の社員もひしめいており、最低限の人員を残して退避することとなったことが雰囲気で分かった。

しかし、1時間くらい経っても状況に何の変化もなく、沢山いた東電の社員もどこかへ散ってしまった。後になって分かったことだが、管総理が「現場を投げ出すとは何事だ。」と発言したことが伝わり、退避が無くなったのだと分かった。

○　地震発生以降、私も精一杯対応に努めてきたが、3号機爆発により戦意を喪失した感があり、そのまま免震重要棟1階で寝てしまった。朝、起きると東電の社員から6時ころ2号機が爆発したということを聞き、2階に上がるように言われた。今度はさすがに退避ということになったようで、吉田所長以下偉い人や最低限の人員を残し、自力で福島第二原子力発電所まで行くこととなった。

○　私は、通勤に使っている車があったので、その車で福島第二原子力発電所まで行き、南明興産の社員でまとまって体育館のスペースで休憩していたところ、東電の社員から「4号機で火災が発生した。あなた達の仕事なんで戻ってください。」と言われた。その時、所長が「安全が確保できない。私の一存では決めかねるので本社に判断を仰がせて欲しい。」と申し入れた。本社への確認の結果、「行く必要はない。」とのことであったので、そのまま南明興産の社員は体育館に残った。

南明興産社員の調書（退避以降の状況）

要棟から外に出始めているのは事実であろう。

そこで、各場所の放射線量をみると、柏崎刈羽メモの記述では、免震重要棟内の放射線量は15～20μSv／h（6時29分）と外部より低い値が報告されている。しかし、免震重要棟の周り、すなわち所員が全員と言わないが存在している場所の放射線量は5mSv（5000μSv）／h（7時14分）と記述されている。そこに12分いるだけで一般の人の年間許容線量1mSvに達してしまうほどの高い線量である。免震重要棟に戻すとしても、徹底した除染作業が必要で、所員を免震重要棟に安全に戻すことが様々な理由で難しくなっていたともいえる。ただちに、別の場所に移動させる必要があったのである。

一方、例えば福島第一原発正門付近の放射線量は当時、131・5μSv／h～882・7μSv／hと柏崎刈羽メモには記録されている。所員がいる免震重要棟周辺の38分の1～5分の1と低いエリアが存在している。所内の線量はバラバラであり、免震重要棟から出ている作業員にとっては、極めて線量の高い免震重要棟付近より、線量が大幅に低い場所もあったのである。このような場所への移動の指示は合理的なものであるといえる。

福島第一原発の敷地は東西方向より南北方向の方が長い。正門は1～4号機のほぼ真西にあり、敷地の北端や南端に比べて近い位置にある。吉田所長は調書の中で「免震重要棟はその近くですから、ここから外れて、南側でも北側でも、線量が落ち着いているところで一回退避してくれというつもりで言った」と述べている。正門付近は、所員が現にいる免震重要棟の周辺より「比較的線量の低い」ところであり、南北に長い敷地、あるいは風向きを考えると、この正門付近よりさらに「比較的線量の低い」ところが存在していたともごく自然に考えられるのである。

PRCは吉田所長の午前6時42分の待機指示が発出された時に所員のいた場所について、正確な理解を欠いていると言わざるを得ない。所員の多くがまだ免震重要棟にいるかのように誤解し、放射線量の比較に免震重要棟を基準としている。しかし、このような間違った前提から導き出された「所員が第二原発への退避をも含む命令と理解することが自然であった」「実質的には『命令』と評することができるまでの指示があったと認めることはできず、所員らの9割が第二原発に移動したことをとらえて『命令違反』と言うことはできない」などという総括はまさに誤った前提に基づく推測であると言わざるを得ない。

（5）ＰＲＣが見解の基礎とした吉田証言には客観的裏付けが欠けている

吉田所長がいったんは格納容器の爆発の危機を想定したのは事実である。しかし、「その後は一貫して、格納容器の爆発を疑って、所員を退避させたと語っている」と断定する論拠をＰＲＣはいったいどこに求めているのか。この柏崎刈羽メモによれば、時間が経つにつれて、格納容器の爆発の可能性があるかどうかを冷静に判断し、福島第二原発に移動するのではなく、福島第一原発構内での待機へと判断をシフトさせた根拠となる記載が散見できる。

たとえば、15日午前6時30分には、吉田所長は「一旦退避してからパラメータを確認する」としている。また午前6時42分の指示よりは少しあとになるが、午前7時6分の「1Ｆ４　原子炉建屋の屋根に穴があいている、破片が下に落ちている」などの記載も、重要である。当初から、吉田所長は格納容器の爆発までは起きていない可能性があると考え、まだ残留できると考えて、指示内容を変更したと推測する根拠となりうる。そのことが、徐々に裏付けられて行っている過程と言えるだろう。

ＰＲＣは「以上からすれば、2面における吉田氏の判断過程に関する記述は、吉田氏の『第一原発の所内かその近辺にとどまれ』という『命令』から逆算した記者の推測にとどまるものと考えられる」と結論づけている。しかし、柏崎刈羽メモという客観的資料を元に証言の裏付けをしているのは当初の朝日新聞の吉田調書報道の方であり、資料の裏付けのない証言をそのまま引いているＰＲＣ見解こそ、「推測にとどまるもの」といわざるをえない。

調査報道を守ることは民主主義を守ること

（1）ＰＲＣ見解は誤りである

このように、吉田所長の福島第一原発での構内待機指示は、柏崎刈羽メモに明確に記載されていたし、3月15日朝8時30分の東電本店記者会見で配布された資料にも明記されていた。吉田所長が保安院宛に送ったＦＡＸも、このような指示の存在とこれに反した６５０名の移動、２Ｆへの対策本部の移動という一連の指示違反が生じた過程とよく符合するものであった。

そして、東電は、この会見時には、６５０名の福島第二原発への移動の事実が判明していたにもかかわらず、この事実を明らかにせず、退避した社員は福島第一原発近くに待機していると発表していた。

６５０名の福島第二原発への移動は所長の指示命令に明らかに反しており、だからこそ、東電は記者会見においてこの決定的な事実を隠蔽したのだと考えられる。

吉田所長の福島第一原発内待機の指示の存在を認めながら、この指示があいまいなものであったかのように分析するＰＲＣ見解は、これらの客観的資料やこれと符合する吉田調書をあえて無視し、推測にもとづいて議論を組み立てている。事実と推測を混同しているのは吉田調書報道ではなく、このＰＲＣ見解の方である。

（2）3月14―15日の経緯には多くの未解明の謎が残されたままである

このＰＲＣ見解について、論評する際に、最初に確認しておくべきことは、3月15日の福島第一原発において、どのような事態が発生していたかについては、未だ解明されていない謎が多数存在するということである。

たとえば、

〇清水社長が発言していた最終避難と吉田所長が15日午前6時42分に指示した福島第一原発構内での待避とは、どのような関係なのか。同じなのか、異なるのか。両者はどのように交錯しているのか。

○小森明生常務がテレビ会議で14日夜に発言していた退避基準は作成されたのか。そこでは、どの部署の何名の要員を残すこととなっていたのか。

○緊急事故対策本部の要員は４００名とされていたことが吉田調書によって明らかになったが、この原子炉のコントロールのためには、どれだけ要員が必要だったのか。現実に残った６９名の人員で十分な作業ができたのか。

○吉田所長ら69名が福島第一原発に残ったが、何をしていたのか。２号機では午前7時20分から午前11時20分までパラメータの計測をしない「空白の４時間」が発生し、この間に高濃度の放射性物質の漏洩や火災など深刻な事態が次々と発生した。

このように、真相はなお不明といわざるを得ない。

（3）隠された事実の段階的な究明こそジャーナリズムの責任

調査報道はそもそも隠されていた事実を丹念に掘り起こしていく作業であるから、最初からすべての真実があきらかになっていることはほとんどあり得ない。また、調査者の主観を抜きに事実だけを客観報道するなどということは、調査報道の場合には不可能である。調査者の取捨選択にもとづく事実の構成の過程は、公正に行う必要はあるが、調査者の判断そのものだからである。

（4）報道機関に働く者ひとりひとりに求められる覚悟と自律

私はこの間の、朝日に対するバッシング報道に深刻な疑問を覚える。私たちは、朝日の報道をきっかけとして、この調書が重要であると考え、情報公開請求の裁判を提起し、情報の開示を求めてきた。

これに対して、産経新聞や読売新聞が朝日新聞へのバッシングをはじめ、他の報道機関もこれに巻き込まれる中で、朝日社長による謝罪会見となった。

これまで隠されていた吉田調書の内容を数々の取材リスクを冒して明らかにした一線の記者が、このような報道を理由に懲戒処分を受け、記者としての仕事を続けられなくなるような事態に追い込まれた。このような事態をこのままにすれば、原発や秘密保護法、集団的自衛権などに関して、政府に抗して、現場で必死に調査報道のために取材を続けている他の記者たちにも決定的な萎縮結果をもたらすだろう。

バッシング報道を続けてきた報道機関は、吉田調書が明らかにした、原発が一時期完全にコントロールできなくなっていたという決定的な事実を正確に報道していない。こちらのほうこそ、重大な誤報ではないか。原発事故における真実が隠され、歴史が偽造されようとしていると言わざるを得ない。

私たちは、戦前において、ほとんどすべての報道機関が、日中戦争の拡大にともなって雪崩を打って戦争を煽り立てる報道へと堕し、英米への全面戦争へと駆り立てて行った歴史を記憶している。

今回のPRC見解は、原発事故の過程に残された謎を明らかにしようとしたものではなく、むしろ謎に果敢に挑んだジャーナリストの言葉尻を捉えて、記事全体の取消というあり得ない報道の自殺行為を追認し、調査報道の矛先を鈍らせ、結局のところ真実にふたをしようとする者に手を貸したといわざるをえない。

報道機関に働く者は、どのような圧力にも屈することなく事実を公正に報道し、戦争や深刻な原発事故の再発への途を繰り返さないという報道の使命を、今こそ肝に銘じ、物言えぬ社会を招かぬように自らを律することが必要だ。

真実にたどり着いていない者に、真実を明らかにしようとする者を批判する資格はない。朝日新聞社も含めて、すべてのジャーナリストには、3月15日朝の福島第一原発事故の真実を明らかにするという責任が残されている。

【本論考作成のために参照した資料】

（1）海渡雄一「日本はあの時破滅の淵に瀕していた」（『世界』２０１４年11月号）

（２）２０１１年３月15日東電会見配付資料　http：//www.tepco.co.jp/nu/f1-np/press_f1/2010/htmldata/j110315a-j.p

（３）同上会見録画 http：//www.youtube.com/watch?v=QXxDQuX8UPc

（４）東電福島第１原発所長から原子力保安院に対する「異常事態連絡様式」３通（２０１１年３月15日付）
http：//www.nsr.go.jp/archive/nisa/earthquake/plant/1/plant-1-2303.html

（５）２０１１年３月15日柏崎刈羽メモ（データ）

【注】

（１）門田隆将氏ブログ＝http：//www.kadotaryusho.com/blog/index.html

（２）『週刊ポスト』（２０１４年６月20日号）門田隆将氏「朝日新聞『吉田調書』報道は従軍慰安婦報道と同じ虚報だ」。

（３）朝日新聞２０１４年６月10日付朝刊と同年６月11日付朝刊。

（４）『世界』（岩波書店）２０１５年２月号「解題・吉田調書 序・いまなぜ『吉田調書』を読むのか」など。

（５）吉田昌郎氏の津波対策における対応については、『世界』（２０１５年３月号）の「解題・吉田調書 吉田所長は津波想定・対策にどうかかわったのか」などがある。

（６）この吉田調書の不自然さを指摘したものには、『Journalism』（朝日新聞社、２０１４年12月10日号）の魚住昭氏「『報道に重大な誤り』ＰＲＣの結論に疑問 記者から活躍の場を奪わないでほしい」、『世界』（岩波書店、２０１５年２月号）「解題・吉田調書 要点整理・調書はどのように作成されたか」がある。

（７）吉田調書「質問者　（前略）もう一つは、ここでお答えいただいたことを記録に取りますが、その記録が公になるという可能性がある。何から何まで、どう出るか、それは今はわかりませんが、事と次第によっては、お話しいただいた言葉がほぼそのままの形で公にされる可能性があるということをお含みいただいて、それでこのヒアリングに応じていただきたいと思います。大きなところは大体そんなことなんですが、それでよろしいでしょうか。　回答者　結構でございます」。質問者は政府事故調、回答者は吉田氏。

（８）委員は、長谷部恭男（早稲田大学教授）、宮川光治（元最高裁判事、弁護士）、今井義典（元ＮＨＫ副会長、立命館大学客員教授）の３氏。

（９）海渡双葉弁護士が２０１５年２月４日に照会。

（10）国会事故調の報告書から引用。詳細は『東電テレビ会議 49時間の記録』岩波書店、２０１３年。
（11）国会事故調報告書、木村英明『官邸の一〇〇時間』岩波書店、２０１２年など。
（12）国会事故調の報告書から引用。
（13）読売新聞２０１４年8月30日付朝刊「『全面撤退』強く否定」、産経新聞同年8月18日付朝刊「『全面撤退』明確に否定」
（14）安井氏は資源エネルギー庁の部長だったが、事故発生2日後の２０１１年3月13日から原子力安全・保安院付として官邸に入り、事故対応に当たった。
（15）木村英昭『官邸の一〇〇時間』岩波書店、２０１２年。
（16）東電事故調査報告書（最終報告）は「午前6時14分」で記述している。
（17）この調書は２０１１年11月6日の調書だ。東電の事故調査報告書（中間報告）が同年12月2日公表される、わずか約1カ月前の証言であることは留意すべきだろう。菅総理への批判は全てこの「11月調書」で行われている。吉田調書の特徴については『世界』（２０１５年2月号）の「解題・吉田調書 重点整理・調書はどのように作成されたか」に詳しく記述されている。
（18）東電事故調査報告書（最終報告）には、音声が途切れた理由として次のような説明をしている。「後日マスコミにて、菅総理の来社時の映像に関して、当社が保有しているＴＶ会議システムの録画の有無が取り沙汰された。そもそもＴＶ会議システムの録画は社内規定等で録画する運用となっている訳ではなく、担当者の機転で録画を行ったものであった。録画は、本店緊急時対策本部と福島第二原子力発電所緊急時対策本部のシステムで行われた。しかしながら、本店では録画機器のハードディスクの容量が一杯になり、自動的に記録が停止した15日0時過ぎから、停止に気付いて録画を再開した16日の3時半頃までの記録が欠落している。そのため、菅総理が来社した時間帯は録画されていない。また、福島第二原子力発電所緊急時対策室のＴＶ会議システムでは画像収録時の音声録音の設定を失念したため、音声のない映像が録画された。このため、菅総理来社時の映像には音声が入っていなかった」。
（19）例えば『ＷｉＬＬ』（２０１５年2月号）での櫻井よしこ・山田厚史両氏の対談「『朝日問題』で問われる日本のジャーナリズム」での櫻井氏の発言「彼らは戻ってきているではありませんか」「実際には東電の職員や下請けの人たちは福島第一に戻ってきて、懸命に復旧活動に従事したではありませんか」、『Ｖｏｉｃｅ』（２０１４年8月号）での門田隆将・川村二郎両氏の対談での門田氏の発言「１Ｆの状況が大丈夫だとわかると、続々と戻っています」など。

(20)　門田隆将氏も『ＷｉＬＬ』（２０１４年８月号）で同様な主張をしている。

〈コラム〉情報公開法、吉田調書の争点

森山裕紀子、川上愛、尾渡雄一朗

情報公開で出てきたもの

情報公開法という法律をご存じであろうか？　正式名を「行政機関の保有する情報の公開に関する法律」という。とくに大切な情報が集中する行政機関の情報は、何のために必要か？　私たち自身が、政治に参加していくために必要なのだ。そして、その情報を前提に、私たちは政治的決断をしていく。「情報は民主主義の通貨である」。アメリカの市民運動家ラルフ・ネーダーの言葉である。

3・11の原発事故に関する政府事故調が設置され、事故当時の状況が検証され始めた。記憶が鮮明なうちに、事故のとき何があり、どうすべきだったのか、それを検証するのは、原子力を持つ国家の責任であろう。

政府事故調の聴取が終わり、市民によって吉田昌郎氏（以下「吉田氏」という。）などの聴取結果（調書）の情報公開請求がされた。行政機関の対応は固かった。「行政文書不開示決定通知書」が、市民の手元に届いた。いわゆる、全部不開示決定、一切開示できないという回答であった。

情報公開法という法律は、政府の保有する行政文書は原則開示され、不開示情報が記録されている場合にのみ、不開示となる。情報公開への回答は、文書に記載されているものの全てが、不開示情報に該当するという判断をしたことを意味する。

全部不開示の理由とその後の公開

（1）不開示理由の概要

情報公開請求した調書が不開示とされた理由は、情報公開法第５条第６号柱書、第５号、第１号の不開示情報に該当するというものである。具体的理由は次の３点である。

①公にしないことを前提に関係者への聴取が実施されており、そのような状況の下、ヒアリングの記録を公にすれば、ヒアリングに際しての前提と相反する取扱いとなるから、事故調査への信頼が損なわれて、今後同様の事故調査において関係者の協力を得ることが極めて困難になるおそれがある（第５条第６号柱書）。

②実際には本人の記憶に基づいて聴取しているので、記憶違い等の客観的事実とは異なる内容なども一体となってそのまま記録されており、これを公にすれば不当に国民の間に混乱を生じさせ、または関係者に不当に不利益を及ぼすなどのおそれがある（第５条第５号）。

③関係者の個人に関する情報が記録されている（第５条第１号）。

現在、内閣官房では聴取結果を個人の承諾を得るなどして、ホームページで順次聴取結果をアップしている。（http：//www.cas.go.jp/jp/genpatsujiko/hearing_koukai_3/hearing_list_3.html、２０１５年２月15日取得。）吉田調書は、調書公開の第一陣として、２０１４年９月11日にアップされた。

（2）第５条６号柱書

不開示情報の一つ目としてあげられるのは、いわゆる事務事業情報という情報である。第５条第６号柱書は、「国の機関、独立行政法人等、地方公共団体又は地方独立行政法人が行う事務又は事業に関する情報であって、公にすることにより、次に掲げるおそれその他当該事務又は事業の性質上、当該事務又は事業の適正な遂行に支障を及ぼすおそれがあるもの」と規定している。

関係者の聴取結果を公にすると、今後の事故調査において関係者の協力を得ることが極めて困難になるおそれがあるというのが、その主張であろう。

同号柱書の判断基準については、「当該事務又は事業の性質上適正な遂行に支障を及ぼすおそれ」の「適正な遂行」については、事務又は事業がその根拠となる規定・趣旨に照らし、公益的な開示の必要等の種々の利益を衡量した上で「適正な遂行」といえるかが客観的に判断されなければならないうえ、「支障」は名目的なものでは足りず実質的なものが要求され、「おそれ」の程度も単なる可能性ではなく、法的保護に値する蓋然性が要求される（総務省行政管理局編『詳解情報公開法』78頁。右崎正博外編『新基本法コンメンタール情報公開法・個人情報保護法・公文書管理法』59頁）。

吉田調書に記載されている内容は、原発事故という極めて深刻なアクシデントへの対応であり、多くの英知によって分析され、そして今後の判断の前提にされるべき資料である。今後のエネルギー政策をどうするのか、原発について今後どのような安全対策をとるのか、それを議論するために必要な情報であり、非常に公益性の高い情報と言わざるを得ない。さらに、聴取対象となった方々は聴取結果の要点が引用されることは少なくとも同意していたのだから、今回の原発事故が未曾有の災害であることも考えると、今後政府が同様の調査について協力を求めた時に協力を得られないというおそれは、それほど高いものではないと言えるのではないか。

（3）第5条第5号

不開示情報の二つ目に挙げられているのは、いわゆる審議検討情報というものである。第5条第5号では、「国の機関、独立行政法人等、地方公共団体及び地方独立行政法人の内部又は相互間における審議、検討又は協議に関する情報であって、公にすることにより、率直な意見の交換若しくは意思決定の中立性が不当に損なわれるおそれ、不当に国民の間に混乱を生じさせるおそれ又は特定の者に不当に利益を与え若しくは不利益を及ぼすおそれがあるもの」と規定されている。

同号の趣旨は、行政文書には、行政機関としての最終的な意思決定前の事項に関する情報が含まれうるが、こうした情報が開示されることによって、行政機関としての適正な意思決定が損なわれる可能性があることから、行政運営の公開性の向上と説明責任の確保という情報公開法の目的も考慮したうえ、個別具体的に、開示することによる不利益等を考慮して不開示とする情報の範囲を画することとしたものである（『詳解情報公開法』71頁、『新基本法コンメンタール情報公開法・個人情報保護法・公文書管理法』54頁）とされている。

「不当に国民の間に混乱を生じさせるおそれ」とは、未成熟な情報や事実関係の確認が不十分な情報などを公にすることにより、不当に国民の間に混乱を生じさせたり、国民への不当な影響が生じないようにするものである。そして、「不当に」とは、審議、検討等途中の段階の情報を公にすることの公益性を考慮してもなお、国民の間に生じさせる混乱や不利益が看過できない程度のものを意味し、当該情報の性質に照らし、公にすることによる利益と不開示にすることによる利益とを比較衡量したうえで判断される（『詳解情報公開法』73、74頁）。

当該規定については議論があり、２０１１年4月、情報公開法の改正法案（以下「改正法案」という。）がすべての省庁の同意を得て、閣議決定されたが、改正点の1つとして「不当に国民の間に混乱を生じさせるおそれ」という部分は削除されることとなっていた（改正法案は、その後廃案となっている）。

この点、まず、国民の間に混乱を生じさせるというのは、行政が判断することではない。そして、この規定は、情報公開・個人情報保護審査委員会でも抑制的に運用されている。さらに、実際に吉田調書がインターネット上で公開されても、何らの混乱も国民の間に発生していない。この最後の点はとくに大切であり、本当に行政運営の公開性の向上と説明責任の確保という情報公開法の目的を考慮した上で、適正な比較考慮をしたのかという点については、疑問が残ると言わざるを得ない。

次に、「特定の者に不当に利益を与え若しくは不利益を及ぼすおそれ」とは、尚早な時期に情報や事実関係の確認が不十分な情報などを公にすることにより、投機を助長するなどして、特定の者に利益を与え又は不利益を及ぼす場合を想定している」（『詳解情報公開法』74頁）とされている。この点、吉田調書が公開されても特定の者に不当に利益を与えることは想定しがたく、吉田氏の関係者等に不当な不利益が及ぼされたこともない。国民は皆混乱の中で吉田氏が奮闘したことを知っており、混乱の中で仮に判断ミスがあったとしても今後の教訓にするという意味で重要なものではあるが、不当な不利益をもたらすというものではない。

そもそも、不当なものかどうかの判断は「当該情報の性質に照らし、公にすることによる利益と不開示にすることによる利益を比較衡量した上で判断される」（『詳解情報公開法』74頁）とされていることを考えると、吉田調書が第5号に該当する情報であるといえるか、疑問である。

(4) 第5条第1号

不開示理由の3つ目として挙げられた条文は、個人情報の不開示規定である。

第5条第1号は、「個人に関する情報（事業を営む個人の当該事業に関する情報を除く。）であって、当該情報に含まれる氏名、生年月日その他の記述等により特定の個人を識別することができるもの（他の情報と照合することにより、特定の個人を識別することができることとなるものを含む。）又は特定の個人を識別することはできないが、公にすることにより、なお個人の権利利益を害するおそれがあるもの。ただし、次に掲げる情報を除く。」と規定しており、個人情報は原則として不開示であるが、個人情報であっても、例外的に「次に掲げる情報」（例えば、同号ロの「人の生命、健康、生活又は財産を保護するため、公にすることが必要であると認められる情報」）は開示される。

なお、既に内閣官房のホームページで公開された吉田調書は、個人情報が記載された部分以外は、公開されていると思われる。

部分開示の可能性

吉田調書の開示請求で一つ疑問であるのは、部分開示ができなかったのかという点である。情報公開法は「行政機関の長は、開示請求に係る行政文書の一部に不開示情報が記録されている場合において、不開示情報が記録されている部分を容易に区分して除くことができるときは、開示請求者に対し、当該部分を除いた部分につき開示しなければならない。ただし、当該部分を除いた部分に有意の情報が記録されていないと認められるときは、この限りでない。」（法第6条第1項）と規定している。

全部不開示とされていた吉田調書については、どの部分が第6号柱書、第5号、第1号によって不開示とされたのかについて、明らかにされていない。どこがそもそも開示できる情報だったのか、その点については、検討が必要になろう。

争点

当初の全部不開示決定は撤回され、吉田調書は一部の不開示部分を除き開示された。その情報の検証については専門家に委ねたいと思う。情報公開法の観点から考えると、法的な争点は、当初不開示情報と判断された情報は、本当に不開示情報であったといえるのかという点である。

「未曾有」という言葉を何度も聞いた。そんな未曾有な災害の中、事務事業情報、審議検討情報と言われたものは、本当に事務事業情報であり審議検討情報なのか？　次の同じような事故が起きたときの調査に差し支えると国は述べるが、次の同じような原発事故など絶対に起こしてはならないはずで、そのためにこれらの調書は公開され、徹底的に検討されなければならないのではないか。

情報公開訴訟の特徴は、裁判所が当該情報を見ることができないことにある。改正法案では、裁判所におけるインカメラ手続を新設し、当事者の同意を得て、証拠調べをすることができる手続が設けられることとされていたが、その制度は現行法にはない。

吉田調書の情報公開訴訟では、他の情報公開訴訟と異なり、既に（一部の不開示部分を除き）対象となる文書が開示されている。当初不開示とされた情報が、事務事業情報や審議検討情報に該当するのか、なぜ該当すると言えるのか、その点について検討をする必要があるし、検討もやりやすいと言える。

第4章　津波対策の緊急性は東電役員と保安院幹部の間で共有されていた

——東電役員らに対する刑事責任の追及には根拠がある

海渡　雄一（福島原発告訴団弁護団）

「福島県民は今、怒りと悲しみの中から静かに立ち上がっています。『子どもたちを守ろう』と、母親が父親が、おじいちゃんが、おばあちゃんが、『自分たちの未来を奪われまい』と若い世代が、大量の被曝にさらされながら事故処理に携わる原発従事者を助けようと労働者たちが、土地を汚された絶望の中から農民が、放射能による新たな差別と分断を生むまいと障害を持った人々が、一人ひとりの市民が、国と東電の責任を問い続けています。そして、『原発はもういらない』と、声を上げています。

私達は静かに怒りを燃やす東北の鬼です。私たち福島県民は、故郷を離れる者も、福島の地に留まり生きる者も、苦悩と責任と希望を分かち合い、支え合って生きていこうと思っています。私達と繋がって下さい。」

（武藤類子　２０１１年９月19日さよなら原発５万人集会にて）

はじめに

私は34年間にわたって、もんじゅ訴訟、六ヶ所村核燃料サイクル施設訴訟、浜岡原発訴訟、大間原発訴訟など原子力に関する訴訟多数を担当してきた。現在は、脱原発弁護団全国連絡会共同代表として、３・11後の東電等の責任追及のための刑事告訴や株主代表訴訟、全国の原発の運転差止のための訴訟などを担当している。

東京地検は２０１５年１月22日、福島原発事故について東電役員を再度不起訴とした（第一回目の不起訴は２０１３年９月）。この決定は、市民の良識の結晶といえる２０１４年７月31日に公表された検察審査会の議決（次の項で詳述）を無視してなされたものであり、その法的根拠はないといわなければならない。

検察審査会の議決後に次々にあらたに明らかになってきた証拠の数々によれば、東電も保安院も、緊急の津波対策が必要であることは十分認識していたことが裏付けられている。この中には吉田調書や保安院の担当者の政府事故調における調書が含まれる。

検察の不起訴の論理は、どんな対策を講じても事故は防ぐことはできなかったという運命論によって、何の対策も講じなかった東電を免責するものであって、到底認めることはできない。検察は被害者の声を聞かず、巨悪＝東電の言い訳を追認し、正義を放棄した。原発事故被害者は市民の代表である検察審査会による正義の裁き＝強制起訴を強く求める。

以下でこのことを詳しく解説する。

検察審査会起訴相当議決の核心は何だったのか

（1）検察審査会の起訴相当の議決の持つ重み

そもそも検察審査会は、何を根拠に東電会長・副社長に起訴相当の議決をしたのだろうか。２０１４年７月31日、東京第五検察審査会は、２０１３年９月９日に東京地検が不起訴処分とした東電元幹部のうち、勝俣恒久元会長、武藤栄、武黒《たけくろ》一郎の両元副社長について、業務上過失致死傷罪で「起訴相当」、小森明生元常務を「不起訴不当」とする議決書を公表した。

起訴相当の議決は11人中８人以上の賛同がなければ出せない。したがって勝俣、武黒、武藤の３名の被疑者を起訴することについては、11人中８人以上の賛同が得られたということである。裁判員裁判制度のもとでは、死刑判決ですら裁判員と裁判官の単純多数決で決することとなっている。そのことを考えると、この起訴相当の議決の持つ意味は極めて重いものであった。

この議決は、福島の人々の被害の重みを理解して出された画期的なものである。事故は４年たった２０１５年３月の時点でも未だ収束していない。当審査会は、「事故に遭われた方々の思いを感じるとともに、様々な要素が複雑に絡み合って発生した大事故について、個人に対して刑法上の責任を問うことができるのかという観点も踏まえつつ、検討を行った」としている。

この議決は、まず原発を運転する電力会社の高い注意義務を次のように認めている。

「一度事故が起きると被害は甚大で、その影響は極めて長期に及ぶため、原子力発電を事業とする会社の取締役らは、安全性の確保のために極めて高度な注意義務を負っている。最高裁判所における伊方原発訴訟に対する判決は、原子力発電の安全審査について『災害が万が一にも起こらないようにするため』に行われるものとしている。」「今回の福島第一原発の事故は、巨大な津波の発生が契機となったことは確かであるが、そもそも自然災害はいつ、どこで、どのような規模で発生するかを確実に予測できるものではない。今までの原子力発電所を襲った地震をみても、平成17年8月の宮城県沖地震では、東北電力女川原子力発電所で基準地震動を超える地震動が観測され、平成19年7月の新潟県中越沖地震では、東京電力柏崎刈羽原子力発電所で基準地震動を超える地震動が観測されている。根拠のある予測結果に対しては常に謙虚に対応すべきであるし、想定外の事態も起こりうることを前提とした対策を検討しておくべきものである。」

（議決書3頁）

議決書内の「地震動」とは、地震によって発生する揺れのことである。地震の揺れを振動として工学的に捉えた概念である。地震を波動として、物理学的に捉えた場合には地震波と呼ぶ。

私たちは、検察審査会に提出した上申書の中で、二つの論拠をもって、電力事業者に課される注意義務が高度のものであることを主張した。一つ目が元検察と法務省幹部である古川元晴氏による「なぜ日本では大事故が裁かれないのか」の公表である（『世界』2014年6月号）。古川氏は同論文の結論で、次のように述べている。

「現代のリスク社会化に対し、すでに１９６０年代、当時東大教授であった故・藤木英雄教授が、時代の変化に対応する新しい刑事上の過失理論として提唱したのが危惧感説であった。今日の高度産業社会において科学技術は、その飛躍的な発達とともに事故などが起きた際の破壊力も飛躍的に増大しており、その科学技術の最先端の『危険発生のメカニズムが十分に解明されていない分野』で発生する災害事故について、その責任のあり方を考える場合には、『具体的に予見することが可能な危険に対してのみ責任を負えばよい』とする従来の具体的予見可能性説がそのままでは通用しなくなるのは当然であるとして提唱されたものである。この考え方に立って原発の安全基準が整備され適用されていれば、今回の原発事故の発生は回避できたであろう。」

　この論文が、検察審査会の決定に理論的根拠を与えたのである。

　もう一つの論拠が、２０１４年５月21日の福井地裁の大飯原発差し止め判決である。これは、原発の運転差し止めをめぐる訴訟である。判決は、原発に求められる安全性について、福島原発事故のような事態を招くような「具体的危険性が万が一でもあれば」、差し止めが認められるのは当然だと述べている。これは、未来の原発運転を認めるかどうかについての司法判断であるが、中立人らは、現実に発生した事故の刑事責任を考えるときにも、ほとんどそのまま適用できると主張した。

検察による起訴を求めて福島市内をデモ行進する告訴団と弁護団
2014 年（以下、写真は告訴団提供）

　しかしながら、本稿において紹介する多くの新事実からは、緊急の津波対策が必須であることをはっきりと認識しながら、会社の経営上の観点を優先させて対策を先延ばしにしていた東電幹部たちの姿がまざまざと浮かび上がってきている。被疑者らは、「万が一」どころか、災害を確実に予見し、これを未然に防ぐための措置が必要であることを知りながら、あえてこれを先延ばしにしていたのである。現時点では、仮に検察の拠って立つ具体的予見可能性説によったとしても、確信犯とも言える被疑者らの刑事責任を問うことに全く支障はないと私たちは考えている。

第二次不起訴決定についての検察の不起訴理由の重点は、予見可能性よりも結果回避可能性に移っている。これも、被疑者らの予見可能性を否定することがあまりにも常識に反していることを東京地検も認めざるを得なくなったためであろう。

（2）審査会が重視した津波想定に関する核心的事実

２０１１年3月11日、福島第一原発を襲った東北地方太平洋沖地震はマグニチュードが9・0、第一原発を襲った津波の高さは東電は15・５ｍとしている。ただし、津波の高さについては、それほど高くないのではないかとする見解も公表されている(1)。

２００２年7月、政府の地震調査研究推進本部(2)（以下、推本）は、福島第一原発の沖合を含む日本海溝沿いでマグニチュード８クラスの津波地震(3)（地震動の大きさに比して高い津波が発生する地震）が30年以内に20％程度の確率で発生すると予測した。これが後々まで論点の一つになる「推本の長期評価」である。２００６年9月、原子力安全委員会(4)が「耐震設計審査指針」を改定し、津波については「極めてまれではあるが発生する可能性があると想定することが適切な津波」によっても、安全性が確保できることが求められた。

２００７年11月ごろ、東電の土木調査グループにおいて、耐震バックチェック(5)の最終報告における津波評価（どれぐらいの津波が来るかについての想定）につき、推本の長期評価の取扱いに関する検討を開始し、推本の長期評価を踏まえ、明治三陸地震の波源モデルを福島県沖海溝沿いに設定するなどして津波水位を試算したところ、２００８年

3月、福島第一原発の敷地南側においてO・P・+15・7mとなる旨の結果を得た（O・P・とは、小名浜港における平均水位）。

被疑者武黒一郎は、2008年2月の「中越沖地震対応打合せ」で、福島第一原発の想定津波高が上昇する旨の資料を確認するとともに、参加者から「14m程度の津波が来る可能性あるという人もいる」という発言を受け、「女川や東海はどうなっている」という質問をしている。

2008年6月、東電の社内組織である土木調査グループから被疑者武藤栄らに対してO・P・+15・7mの試算結果が報告された。被疑者武藤栄は、非常用海水ポンプが設置されている4m盤（海抜4mの地盤）への津波の遡上高（津波が遡上して達する最高の高さ）を低減する方法、沖合防波堤設置のための許認可について、機器の対策の検討を指示した。

しかし2008年7月、被疑者武藤栄から土木調査グループに対し、耐震バックチェックにおいては推本の見解を取り入れず、従来の社団法人土木学会（当時。2011年度より公益社団法人。以下、土木学会）の津波評価技術に基づいて実施した。推本の長期評価については土木学会の検討に委ねることとし、さらにこれらの方針について、土木学会の原子力土木委員会津波評価部会（以下、津波評価部会）の委員や保安院のワーキンググループ委員(6)の「理解を得る」ことなどを指示した。土木学会の津波評価部会とは、あとで詳しく述べるが、独立した学会であるにもかかわらず委員幹事31名のうち13名が電力会社、5名が電力の関係団体に所属していた。さらに津波に関する研究費の全額と対策手法の審議のための委託費用の全額が電力会社から支出されており、電力（具体的には東電を中心とする電事連）の影響の下にある組織であった。

（3）議決は武藤・武黒らの土木学会への検討依頼は時間稼ぎと断定

このような経過について、議決は次のように判断した。東電は、「推本の長期評価」等について土木学会に検討を依頼したが、最終的には、対応を取らざるを得なくなることを認識してワーキンググループを開催しており、土木学会への依頼は時間稼ぎであったといわざるを得ない。東電は、「推本の長期評価」について、容易に無視できないことを認識しつつ、何とか採用を回避したいという目論見があったといわざるを得ない。地震・津波の予測は、不確実性を伴う自然現象に対するものであり、そもそも、いつどこで起きるかまで具体的に言い当てることは不可能である。したがって「推本の長期評価」に基づく津波高の試算を確認している以上、原発事業者としては、これが襲来することを想定し、対応をとることが必要であった。

東電は、以上の事実を認めつつ、推本の予測に基づいて行った数々の津波の試算についても試算が現実に起きるとは思わなかった、念のために土木学会に検討を依頼しただけであるなどと言い訳していた。そして検察庁は、このような不合理きわまりないいわけをそのまま認めてしまった。これに対して、検察審査会は、市民的良識を発揮し、東電の役員たちは、対策が必要であることはわかっていて、途中まではその検討や準備もしたのに、改良工事のために原発が長期停止になることをおそれ、時間稼ぎのために土木学会に検討を依頼して、問題の先送りをしたと認定している。事態を正確に理解した、極めて正しい認識であったといえる。

司法は生きていた！　２０１４.５. 21 福井地裁判決

東京地検の再捜査の概要とその焦点

（1）検察は再捜査で何をしたのか

２０１５年1月23日、東京地検は、福島原発事故に関する刑事責任に関して、東電の勝俣元会長、武藤・武黒元副社長、小森元常務の４名について、２０１４年7月31日付で公表された検察審査会の議決にもとづいて実施されていた再捜査に関し、嫌疑不十分として再度不起訴処分とした。

再捜査でどのような捜査がなされたのかは、我々申立人らには「捜査の秘密」として、説明らしい説明を受けることができなかった。

検察の再捜査では何がなされるべきだったのか。まず、東電や電事連内部に保管されている津波対策に関連する膨大な資料を強制捜査によって押収すべきであった。また、東電と保安院の津波対策に関与した者らを再聴取し、政府事故調の調書との不整合部分を突き合わせる形で再捜査が必要であった。

しかし、公表された「東京電力福島第一原子力発電所における事故に係る業務上過失致死傷事件の処理について」（以下、不起訴理由書という）による再捜査の説明では、このような捜査は全くなされていない。

東京地検は、まず、

> 「本件事故前の当時における原子力発電所の安全対策の考え方、内容等について、原子力工学の専門家、規制当局関係者等からの聴取を含め、改めて捜査を行った。」

とし、予見可能性の有無については、

「本件においては、10メートル盤を大きく超えて建屋内が浸水し、非常用電源設備等が被水して機能を喪失するに至る程度の津波（以下「10メートル盤を大きく超える津波」という。）が襲来することについての具体的な予見可能性が認められれば、本件事故による結果の発生に対する具体的な予見可能性も認められるものと考えられるところ、議決を踏まえ、推本の長期評価及びこれに基づく試算結果の位置付けを明らかにし、これらが10メートル盤を大きく超える津波の予見可能性の根拠たり得るかどうか、貞観《じょうがん》地震(7)に関する知見を含めて推本の長期評価以外に予見可能性の根拠たり得る知見等がないかという観点から、震災前の地震や津波に関する知見全般について、地震津波に関する専門家、規制当局関係者等からの聴取を含め、改めて捜査を行った。」

とされている（不起訴理由書2頁）。そして、結果回避の可能性に関しては、

「議決が、本件事故を回避するための措置として採り得たのではないかと指摘する措置によって、本件事故を回避することができたと認められるかどうか、当時の知見から本件事故を回避する措置を講じることが可能かどうか、また、当該措置を義務付けることができるかどうかについて、津波や安全対策の専門家等からの聴取を含め、改めて捜査を行った。」

とされている（不起訴理由書3頁）。

結局のところ、検察は、不起訴を正当化するための理屈を考えるために、東電寄りの専門家の話を聞いて、不起訴理由の説明の書き方を考えていただけのようにみえる。起訴を前向きに検討するために新たな証拠を収集するような再捜査が行われた形跡は、残念ながら認められない。

料金受取人払

麹町局承認

6889

差出有効期間
平成29年2月
28日まで
(切手不要)

郵便はがき

102-8790

108

(受取人)
東京都千代田区富士見 2-2-2
東京三和ビル

彩流社 行

●ご購入、誠に有難うございました。今後の出版の参考とさせていただきますので、裏面のアンケートと合わせご記入のうえ、ご投函ください。なおご記入いただいた個人情報は、商品・出版案内の送付以外に許可なく使用することはいたしません。

◎お名前《フリガナ》　性別 男 女　生年 年

◎ご住所　都道府県　市区町村

〒　TEL　FAX

◎ E-mail

◎ご職業　1. 学生（小・中・高・大・専）2. 教職員（小・中・高・大・専）3. マスコミ 4. 会社員（営業・技術・事務）5. 会社経営 6. 公務員 7. 研究職・自由業 8. 自営業 9. 農林漁業 10. 主婦 11. その他（　）

◎ご購読の新聞・雑誌等

◎ご購入書店　書店　都道府県　市区町村

愛　読　者　カ　ー　ド

●お求めの本のタイトル

●お求めの動機　1. 新聞・雑誌などの広告を見て（掲載紙誌名→　　　　　　　　）
2. 書評を読んで（掲載紙誌名→　　　　　　　　）3. 書店で実物を見て　4. 人に薦められて
5. ダイレクト・メールを読んで　6. ホームページなどを見て（サイト名ほか情報源→
　　　　　　　　）7. その他（　　　　　　　　）

●本書についてのご感想　内容・造本ほか、弊社書籍へのご意見・ご要望など、ご自由にお書きください。（弊社ホームページからはご意見・ご要望のほか、検索・ご注文も可能ですのでぜひご覧ください→　http://www.sairyusha.co.jp.）

●ご記入いただいたご感想は「読者の意見」として、匿名で紹介することがあります

●書籍をご注文の際はお近くの書店よりご注文ください。
お近くに便利な書店がない場合は、直接弊社ウェブサイト・連絡先からご注文頂いても結構です。

弊社にご注文を頂いた場合には、郵便振替用紙を同封いたしますので商品到着後、郵便局にて代金を一週間以内にお支払いください。その際 400 円の送料を申し受けております。

5000 円以上お買い上げ頂いた場合は、弊社にて送料負担いたします。

また、代金引換を希望される方には送料とは別に手数料300円を申し受けております。

ＵＲＬ：www.sairyusha.co.jp
電話番号：03-3234-5931　ＦＡＸ番号：03-3234-5932
メールアドレス：sairyusha@sairyusha.co.jp

（2）検察官の職務放棄を正すことができるのは検察審査会の市民の良識だけである

武藤、武黒、勝俣の3人の被疑者に関しては、検察官自らの手による起訴という途は、閉ざされた。しかし、我々は、本書面において明らかにする新たな事実関係に基づいて、東電の津波対策責任者と保安院における津波対策を担当していた幹部職員ら計9名に関して、2015年1月13日に第二次津波告訴を行った。この第二次告訴に賛同する市民の委任状を集めていたが、4月3日には早くも不起訴とされた。この不起訴処分に対しても検察審査会に申し立て、起訴を求めていく。

また、東電は、「推本の長期評価」に基づいて行った数々の津波の試算についても、現実に起きるとは思わなかった、念のために土木学会に検討を依頼しただけであるなどと言い訳していた。しかし、土木学会の津波評価部会には地震学者が一名しかおらず、あとは前述のように電力会社に牛耳られており公正な専門家の集まりなどではなく、電力で固めた言いなり組織にすぎなかった。にもかかわらず、検察は東電の不合理ないいわけをそのまま認めてしまっていた。

しかし、検察審査会は、市民的良識を発揮し、東電の役員たちは、対策が必要であることはわかっていて、2008年には、途中まではその検討や準備もしたのに、改良工事のために原発が長期停止になることをおそれ、時間稼ぎのために土木学会に検討を依頼して、問題の先送りをしたと認定していることは前述したとおりである。しかし、この問題提起を受け止めた再捜査はなされていない。このような検察の職務放棄を正すことができるのは、検察審査会の委員の市民の良識だけである。

次々に明らかになる新事実

（1）岩波新書『原発と大津波　警告を葬った人々』の告発

津波の事前想定が可能であったかどうかに的を絞って、岩波新書『原発と大津波　警告を葬った人々』が、

２０１４年11月20日に発行された。

著者は添田孝史氏である。大阪大学大学院基礎工学研究科修士課程修了のサイエンスライターである。本のプロフィールによれば、「１９９０年朝日新聞社入社。大津支局、学研都市支局を経て大阪本社科学部、東京本社科学部などで科学・医療分野を担当。97年から原発と震災についての取材を続ける。２０１１年に退社、以降フリーランス。東電福島原発事故の国会事故調査委員会で協力調査員として津波分野の調査を担当した。」という経歴の持ち主である。本書は、添田氏のこの本に大きく依拠している。ここに謝意を表する。

添田氏の著書は、著者自らの取材と政府に対する情報公開請求にもとづいて、国会事故調の報告書を補充した内容であるといえる。この著書は、一人のジャーナリストが、情報公開とインタビューという古典的取材手段を駆使して、原子力ムラが必死に隠してきた原発の津波対策に関する膨大な作業と、その中で電力と保安院、推本、中央防災会議、そして、地震や津波の専門家の行動とやりとり、そして津波対策がとられるべき警告がことごとく無視された経緯を浮かび上がらせている。

（2）吉田調書が明らかにした東電幹部の驚くべき安全意識

＊はじめに

２０１４年9月11日に政府により福島第一原発所長吉田昌郎氏（以下「吉田所長」という。）に係る聴取結果書（以下「吉田調書」という。）が開示された。この調書には事故対応について重要な情報が盛り込まれていただけでなく、事前の津波対策についても、吉田所長の認識が述べられている。

＊土木学会の中にも福島県沖の海溝沿いで大地震が発生することは否定できないという見解があった

それによると、土木学会の「津波評価部会」の今村文彦東北大学教授から２００８年2月末に福島県沖の海溝沿いで大地震が発生することは否定できないという話があったのではないかという質問者の指摘について「そうだと思います」と肯定している（２０１１年11月30日付吉田調書４頁）。この点は、土木学会の津波評価部会の中にもこのような慎重な意見があったことを示すもので、極めて重要な指摘である。

当時（２００８年）、「中越沖地震対策会議」が社長、会長、武藤、武黒、吉田らで話し合う会議として持たれていた。当時の会長は田村、社長は被疑者勝俣である。２００７年７月の地震直後は毎日会議が持たれていた。２００７年頃には月１回の会議であった。この中で、津波対策の費用も議論されていた（同調書の９〜12頁）。

また吉田調書によれば、「太平洋側の場合は、いろんな学説が今、出ておって、大きい津波が来るという学説もあります。それをベースに計算すると、今、想定している津波高の、…要するに、今、想定している５ｍ何十㎝という設計のベースよりも大きい津波が来る可能性が否定できない。…場合によっては高い津波が来れば、それなりの対策が必要です。…かなり桁の大きいお金が来ますよということを説明した」（同調書の17頁、傍線は引用者）

＊15ｍなら防潮堤で対応できたかもしれない

「○質問者　今回のようなもの、15ｍぐらいの津波に耐えられるようになるためにはどうですか。
○回答者　前に波源が福島県沖に来るとして考えたのが10ｍぐらいですね。
○質問者　はい。
○回答者　あれだったら、何とか防潮堤をつくって波を逃がすということはできると思うんですけれども、今回のものは本当にできるのかどうかわかりません。」（同調書の19―20頁）

15ｍ程度の津波は、この地域のプレートの状態から判断すれば、むしろ控えめとも言える想定であった。これに対応する工事をしておけば、破局は避けられたのである。

＊原発の安全性と一般の建物を同列に論ずる過ち

「〇質問者　例えば今回1F自体がどうなるかというのは、そのまま運転できるかというと、とてもではないけれどもという状況かもしれないですけれども、女川とか全国にいろいろありますね。玄海の方とか、九電とかありますね。ああいうところで10mとかね。

〇回答者　それはまた極端な意見で、要するに日本国どこでもマグニチュード9の地震が起こり得ると言っているのと同じことで、それだったら、その辺の建物は全部だめなわけです。原子力発電所だけではないです。直下に起こることも考えれば、何もできません。だから、各号機ごとに、各発電所ごとに立地条件に応じた津波規模だとか地震規模、どんな断層があるかで変えてきているというのが今までの発想です。」（同調書の20頁）

ここで、吉田氏は原発の安全性と一般の建物を同列に論ずる過ちに落ちている。原発はいったん事故を引き起こせば取り返しがつかない災害を引き起こすので、万が一にも事故を起こしてはならない、10万年に一度程度の自然災害にも備えておくべきだという考えは世界中の原子力の専門家の共通理解であるのに、その基本を踏まえない発言だ。これが吉田氏の認識どおりだとすれば、原子力安全のイロハすら理解していないこととなるし、理解していて、あえて尋問者を煙に巻こうとしているのかもしれない。驚くべき低レベルの安全認識であるというほかない。

＊マグニチュード9の地震を想定した者はいないことが言い訳となるか

「〇質問者　今、この原発で貞観津波を考えているのに、1Fで考えていないのはおかしいとかね。

〇回答者　それは全然論理がおかしくて、貞観津波を考えて調査をしたら、4mとかそれぐらいしか来ていないから、貞観津波があの場所で波源となってくれれば、それはそのレベルだから、我々としてはいいだろう。だけれども、貞観津波を起こした地震のマグニチュードよりももっと大きなものが来たわけですから、マグニチュード9が来た。日本の地震学者、津波学者のだれがあそこにマグニチュード9が来るということを事前に言っていたんですか。貞観津波を考えた先生たちもマグニチュード9は考えていないです。それを言い始めると、結局、結果論の話になりますと言いたいです。」（同調書の20頁）

「今回、貞観津波のお話をされる方には、特に言いたいんですけれども、貞観津波の波源で考えたときにも、うちの敷地は3ｍか4ｍぐらいしか来ないから、これは今の基準で十分もつという判断を1回しているわけです。貞観津波の波源のところに、マグニチュード9が来ると言った人は、今回の地震が来るまではだれもいないわけですから、それを何で考慮しなかったんだというのは無礼千万だと思っています。そんなことを言うんだったら、日本全国の原子力発電所の地形などは関係なく、先ほどおっしゃったように、全部15ｍの津波が来るということで設計し直せということと同じことですね。」（同調書の21頁）

「○回答者　もう一ついうと、貞観津波で想定していたマグニチュードよりもっと大きいものが来たというのが違うところがあるわけです。

2つあって、マグニチュード9が来たという大きさの部分は、今まで地震学者も津波学者もだれも想定していなかった。

それから、3つのプレートがほぼ同時に動く。これもだれも言っていなかったんです。1つ動けばあとは寝ている。連動しないというのが学会の常識だったのが、連動したわけです。」（同調書の22頁）

このような判断は、原子力の安全性評価のあり方として、完全に誤っている。しかし、このような誤った認識が記録され、公表されたことには大きな価値がある。

この点について、添田氏は次のように論評している。

「確かにマグニチュード9を予想した人はいなかったのですが、２００８年の論文ではマグニチュード8・4は考えていた。その予測でも津波は敷地高さを越えていたわけです。原発の被害を考える時、マグニチュード9まで予測する必要はまったくなかったのです。このあたりの吉田さんの話は支離滅裂なのですが、政府事故調で質問している人は、気づいていないのか、突っこんで聞いていません。」（『科学』２０１４年１２月添田孝史報告「吉田調書をめぐるシンポジウムより」１２８１頁）

このとおりである。つまり、確かにマグニチュード9の地震が起きると予測した研究者はいなかった。しかし、福島沖を含めて、マグニチュード８クラスの地震が起きることは地震調査研究推進本部も予測していたし、さかのぼれば、７省庁手引きでも同じことが指摘されていた。国土交通省などもこのような認識で対策を進めていた。吉田氏はこのことを知ってか知らずか、混同して話している。そして、予測されていた福島沖のＭ８クラスの地震に対する対策がとられていれば、高さ15メートルという津波の想定高さが一致していたのであるから、原発は守れたのである。検察審査会の委員の皆さんは、このような誤った論理を鋭く見抜いて欲しい。

＊土木学会での検討はフォローせず

「○質問者　土木学会に東電が依頼されていますけれども、依頼後に土木学会がどの程度議論していたのかという話です。
○回答者　それは全く知らないです。
○質問者　それはわからないですか。
○回答者　はい。」（同調書の22頁）

もし、本当に重大な検討を依頼したのなら、フォローするはずである。にもかかわらず、責任者でありながら、全くフォローがなされていない。この答えの中に、この土木学会への検討依頼が、時間稼ぎでしかなかったことが、はからずも露呈している。

実は、この点は第二次捜査の過程で、２０１２年３月までの期限付きで検討が依頼されていたという捜査結果が示された。しかし、これはあまりにも遅すぎる。２００６年に耐震設計審査指針が改定され、当初保安院は数年以内にすべての原発のバックチェックを終える方針であった。

東電の土木学会に対する委託研究申請書をみても、そこに長期評価についての一切の言及はなく、東電が、委託研究申請書をもって、長期評価の見解について、外部専門家について意見を求めたとは信じがたい。委託研究申請書の作成日付は、２００９年６月11日である。東電が長期評価の取り扱いにつき土木学会に依頼することを決定したのは、２００８年７月31日の会議である。申請書一枚作るのに10カ月もかかっている。

東電は、委託研究申請書１枚の書類を仕上げるのに約1年の時間をかけ、さらには、委託研究申請書の回答期限（委託研究期間）を約３年先の２０１２年３月23日に設定していたことになる。東電福島第一原発事故はその期限の約１年前に発生した。まさに先延ばし、握り潰しによって事故は発生したのである。危険性を知ってから約４年後の締め切り期限としたことは、万一の事故も防止しなければならない原子力に関する安全措置の検討のスピードとして容認できない遅延であり、これが過失でなくて何であろう。締め切り期限をせめて1年としていれば、それに基づく対策をとって事故が防げたはずである。

そして、依頼の期限を吉田所長が記憶していないということも、重大な意味を持つ。まともな回答を期待しないで検討を依頼したことがわかるからだ。この対策先送りこそが、事故を引き起こした致命的なミスである。

（３）保安院小林勝氏の調書が裏付ける貞観地震津波の重大な危険性

保安院の安全審査課耐震安全審査室で２００９年６月30日以降、室長を務めていた小林勝氏は、津波対策について極めて重要な証言を行っている。同氏に対しては、２０１１年８月18日と同年９月２日の２回聴取が実施されている。この調書の重要な内容については後に詳述する。

なお、同氏の証言に無数に登場する当時の審査官の名倉氏についても、調書は確実に作成されているはずであるが、これは公開されていない。国の公職の立場にあり、このような重大事故に密接に関連した業務に就きながら、調書の公開に応じない態度は公僕の立場にあるものとして極めて不当である。

（４）保安院山形調書から浮かび上がるすべてを妨害した電力の醜い姿

電力会社の安全規制に対するすさまじい妨害の姿勢について、保安院の山形浩史・原子力安全基準統括管理官は調書の中で次のように生々しく語っている。

「（外的事象の第４層について電力事業者は）ほっとくとやらないし、そんなことされると地元対策が大変で、彼ら（電力）としては、安全で事故は起こらないという説明を散々してきていて、一方で、そうは言っても、起こるかも知れないから対策をとれと規制庁《ママ》に言われると、地元は納得しない。そこはインセンティブどころか、何のメリットもない、デメリットばかりで邪魔で仕方がない、そんなことをされたら困るという意識だったのではと思う。」
（同調書の５頁）

「私が（電力会社に何かを）言った時でも、ありとあらゆる場面で、彼ら（電力）は嫌だ嫌だというような話だったし、私が指針の見直しだと言った時も、ありとあらゆるところからプレッシャーを受けた。」と述べている（同調書の６頁、傍線は引用者）

電力会社が規制当局に異常な圧力を加え、規制の強化に抵抗していた様子がありありとうかがえる。

（5） 政府事故調も欺こうとした森山審議官

森山善範審議官が、部下に貞観の津波こそが福島第一原発3号機の耐震バックチェックの最大の不確定要素であり、バックチェックを完了するには、津波対策工事が必要であることは東電の役員も認識しているという内容の驚くべきメールを送っていたことが添田氏の著書で判明した。その内容を添田氏の著書から孫引きする形で161―162頁で紹介した。このメールは政府事故調の小林勝調書に添付されていたものであることがその後判明したが、森山審議官自身は自らの公開された調書では事実を正確に述べていない。

「貞観津波の問題を新知見検討会での議論に付そうとしなかったのは、あなたが当時、貞観津波の問題を重要な問題と認識していなかったからではないか。」という問いに対して「なぜだか、自分でもよく分かりません。」というとぼけた答えをしている（同調書の4頁）。この点が1F3の耐震バックチェックの最重点課題であったとメールの中で述べているのであるから、この調書は明らかに偽りを述べていることとなる。

「私は平成21年（2009年）8月28日頃、及び9月7日頃に、小林勝耐震安全審査室長や名倉審査官が東電から福島地点における津波に関する説明を受けたことに関する報告を受けた記憶はない。」（カッコ内は引用者）

「もし、私が名倉審査官と同じ安全審査官という立場であり、東電から福島地点における津波の想定波高がO・P・＋8mを超えるということを聞いたならば、上司に報告してどう対応すべきか相談していたと思う。」等と述べている（同調書の3頁）。これも、小林氏の前記調書によれば、しっかり報告されているので、真っ赤なウソということとなる。

さらに、これは2009年8、9月の東電と保安院の津波をめぐるやり取りについての発言であるが、ここで述べられていることは、2010年3月のメール内容と全く符合しない。森山氏には事故の予見可能性もあったし、回避のための措置を東電に命ずる権限もあった。しかし、責任を否定して虚偽を述べている。その刑事責任は重大であり、福島原発告訴団では第二次告訴の一つの柱として森山氏の責任追及を据えている。

津波の予見可能性と被告訴人らの過失――時系列に沿って

（1）事実関係の整理を通じて浮かび上がる事故を招き寄せた東電の無策と保安院の追認

前項において述べた新たな事実と、検察審査会が2014年7月の議決で既に認定していた事実関係とを総合して、本件において生じたできごとを以下に時系列で示していく。

この作業を通じて2008年における東電の内部試算結果の秘匿、2009年における貞観津波対策の先送りの二つの判断が、本件事故発生の決定的な要因であることを明らかにしたい。

（2）7省庁指示は阪神淡路大震災を教訓に生まれた

1997年に七つの省庁が共同で作成した津波防災の手引きにおいて、福島沖でも津波地震を想定するべきことが示されていた。これまで、2002年7月、推本は、福島第一原発の沖合を含む日本海溝沿いでマグニチュード8クラスの津波地震が30年以内に20％程度の確率で発生すると予測したことに基づく対策の要否が議論されてきたが、さらに5年も前に政府機関からこのような指示がなされていたことは驚きである。この事実も添田氏の前掲書によるものである。この手引きは1995年の阪神淡路大震災の2年後に出されており、地震津波災害の再発を防止したいという、専門家の努力が結実したものであった。ところが、この手引きがきちんとした扱いを受けなかったのはなぜなのか、まだ明らかになっていないが、原子力関係者の様々な工作の結果である可能性が高く、さらに掘り下げて調査する必要がある。

2000年には、この7省庁指示を受けた電気事業連合会（電事連）の解析により、福島第一原発は想定の僅か1・

2倍の津波で原子炉冷却に影響があることがわかっていた。福島第一原発が、最も津波対策を急がなければならない原発であったことは、電力関係者の共通認識であったことがわかったのである。

（3）地震調査研究推進本部の長期評価の公表

＊推本による「長期評価」

２００２年7月に、推本によって、「長期評価」が公表され、三陸沖から房総沖の日本海溝沿いで過去に大地震がなかった場所でもマグニチュード８クラスの地震が起き得るとされた。

「福島第一原発の津波評価では、明治三陸地震の津波波高も計算している。よって、長期予測に従った評価をするには、断層モデルの位置を福島県沖の海溝付近へ移動して計算を行えば良い。」ものであった。２０１２年9月から２０１４年9月まで原子力規制委員会委員長代理を務めた島崎邦彦氏は、「このような計算を行えば２００２年の時点で、福島第一原発に10ｍを超える津波が襲う危険が察知されたはずである。[8]」と指摘している。

ところが、東電は、この長期評価を無視し、この長期評価に基づく対策を取らなかった。島崎氏は、「２００２年の長期予測に基づく津波防災を進めていれば、災害を軽減し、東京電力

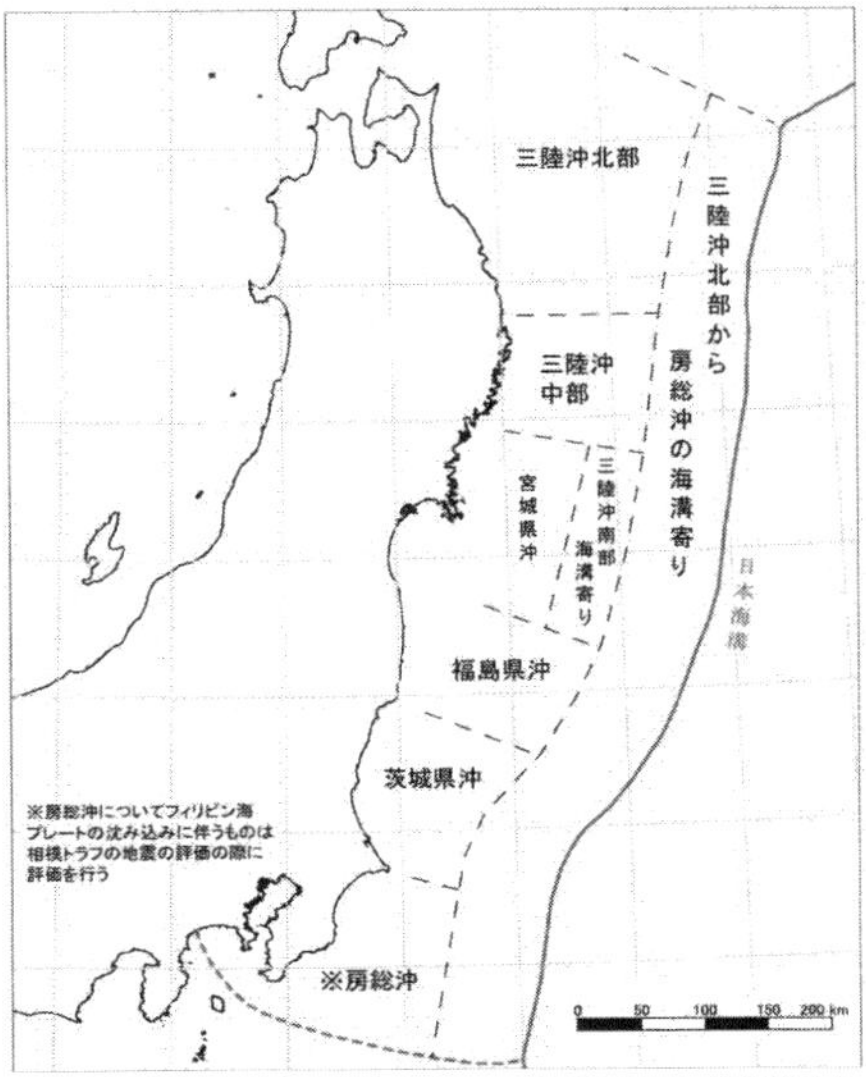

（地震調査研究推進本部　2002 年長期評価より）

株式会社福島第一原子力発電所での全電源喪失を免れることができたと筆者は考える」と痛烈な批判を加えている(9)。

伊方原発訴訟の最高裁判決(10)は、安全審査の目的について「原子炉施設の安全性が確保されないときは、当該原子炉施設の従業員やその周辺住民等の生命、身体に重大な危害を及ぼし、周辺の環境を放射能によって汚染するなど、深刻な災害を引き起こすおそれがあることにかんがみ、右災害が万が一にも起こらないようにするため」に行われるものであるとの判断を示した。このような目的に照らせば、長期評価の結果は、当然考慮に入れなければならないレベルの危険性であった。

なお、島崎氏の発表と指摘は、2011年の地震学会でなされたが、東電関係者からの反論はなされていない。

*電力会社に牛耳られていた土木学会の津波評価技術はあきらかに過小評価である

2002年2月、土木学会津波評価部会が、「原子力発電所の津波評価技術(2002年)」(以下、単に「津波評価技術」という)を発表した。

この「津波評価部会」は、東電の言いなり組織であった。推本の長期評価をなきものとするための工作の場が土木学会の津波評価部会における検討であった。この津波評価部会には、2001年の委員会名簿を見ると、東電の津波対策の中心人物として、この対策の見送りの中心人物である酒井俊朗(委員)と高尾誠(幹事)が含まれていた。

まず、この津波評価部会には、津波の専門家である東北大学の首藤伸彦教授が参加していたが、委員幹事合計31名のうち地震学者は一名しかおらず、13名が電力会社、5名は電力の関連団体に所属していた(『原発と大津波　警告を葬った人々』98頁)。まさに、電力関係者に牛耳られている組織であった。第二次告訴事件の被告訴人には酒井俊朗、高尾誠も含めた。

また、その津波に関する土木学会手法の研究費の全額(1億8378万円)と手法の審議のための学会への委託費用(1350万円)の全額が電力会社から支出されていた(国会事故調報告書92頁　東電の書面回答による)。

２００２年３月には、東電は上記津波評価技術に基づいて津波の高さを評価した。そこでは設計津波水位はO・P・＋５・４ｍ～５・７ｍに変更され、非常用海水系ポンプのポンプシャフト（主軸のこと）を20㎝継ぎ足し工事をし、ポンプの上の電動機の高さのみをかさ上げし、６・１ｍにした（６号機）。これにより、津波が来襲しても、４ｍ盤に設置された多くの施設は浸水し損傷するものの、６・１ｍの高さにあった非常用海水系ポンプは被害を免れ、冷却機能は保持され炉心損傷を防ぐことができるものと考えられた。

しかし、「津波評価技術」には、過去最大を超える津波を想定することはできないという重大な限界があった。なぜならば、「津波評価技術は、おおむね信頼性があると判断される痕跡高記録が残されている津波を評価対象にして想定津波水位を算定する。したがって、過去３００年から４００年間程度に起こった津波しか対象にすることができない。再来期間が５００年から１０００年と長い津波が起こっていたとしても、文献・資料として残っていない場合、検討に含めることができない可能性が高い[11]」ものであったからである。

また、「津波評価技術」には補正係数を１・０とする、すなわち安全余裕を全く見込まないという著しい安全性の切り捨ての考え方が含まれていた。つまり、通常のシミュレーションの場合は、計算結果の２倍とか、１・５倍など一定の補正係数をかけ、津波の高さの数値が８ｍであれば、設計では16ｍ、12ｍに耐えるように作るのが、安全サイドの考え方である。しかし、津波評価部会では、計算結果どおりの津波に耐えられればよいとしてしまったのである。津波の専門家である首藤伸彦教授は、補正係数について議論するべきであると述べていたが、最後には次のステップの課題とすることに同意してしまっている。この点の考慮が不十分であったことは政府事故調調書において、津波専門家の今村氏も認めている。

土木学会の手法は、明らかに原子力安全技術に求められる科学水準に達しない誤った考え方であり、このことは、広く科学者間で議論すれば自明の事柄であったといえる。このことが明白だったからこそ、津波に関する議論の全体が耐震バックチェックの表の議論から抹殺されることとなったのだと考えられる。
そもそも津波評価技術は一つの民間機関が策定した技術基準に過ぎず、原子力規制の基準ではない。民間で策定された技術基準を規制に用いるためには、左記の要件が必要とされている[12]。

記

①策定プロセスが公正、公平、公開を重視したものであること（偏りのないメンバー構成、議事録の公開、公衆審査の実施、策定手続きの文書化及び公開など）

②技術基準やその他の法令又はそれに基づく文書に要求される性能と項目・範囲において、対応がとれること

メンバーの偏りや策定プロセスの公正さの欠如は既に指摘した。津波評価技術で想定する津波高さが、安全審査指針が求める性能（予想され得る自然条件のうち最も過酷と思われる条件を考慮した設計であること）に適合し原発の安全が確保できるか、検証すらされていなかった[13]。

そうであるにもかかわらず、「津波評価技術」を絶対視し、あたかも唯一の基準であるかのように主張する東電の主張は誤っている。

＊推本の長期評価に基づいて対策を講ずることは東電の当然の義務

東京地検は、第一次不起訴処分の不起訴理由の説明においても、推本の「長期評価」について、政府機関によるものであり、重要なものであったことは認めた[14]。しかし、この長期評価自体に、予測を裏付けるデータが十分にないことに留意すべきと注記され、津波評価技術では福島県沖海溝沿いに津波地震を想定しないこととされていたことなどを根拠に、これによる対策をとらなくとも良いとの判断を示した[15]。

ここで推本について説明しておく。推本とは、１９９５年、地震防災対策特別法にもとづき、旧総理府（現在は文部科学省）に設置された組織であり、「地震に関する観測、測量、調査又は研究を行う関係行政機関、大学等調査結

果等を収集し、整理し、及び分析し、並びにこれに基づく総合的な評価を行うこと」をその役割の一つとする政府機関である。

この推本は、１９９９年に、推進すべき課題の一つとして、「海溝型地震の特性の解明と情報の体系化」を取り上げており、推本は、その下部組織である地震調査委員会長期評価部会海溝型分科会において、海溝型地震の予測（長期評価）の研究を進めていた。ちなみに、同長期評価部会の会長、海溝型分科会の主査は、後に原子力規制委員会の委員長代理を務めた島崎邦彦氏であった。

そして、地震調査委員会に所属する12人の地震学者らが、２００１年10月から２００２年６月にかけて、地震調査委員会長期評価部会海溝型分科会において、海溝型地震の予測（長期評価）について議論を行い、その議論を取りまとめたものが長期評価である。

したがって、政府が一般防災の観点から、発生する可能性があると想定する地震によって発生可能性がある津波が、より可能性の稀な場合にも対応を求められる原発の安全性を確保するため、安全審査指針が対策を指示する「想定することが適切な津波」に該当することは説明を要しないほど当然のことである。

当時、中央防災会議も東電も、この「長期評価」を無視し、これに基づく対策を取らなかった。２００２年７月、中央防災会議の地震火山対策担当官から文科省地震調査研究推進本部事務局に「今回の発表は見送」るよう、「この長期予測は信頼性が低い」「相当の誤差を含んでいる」「地震発生の切迫性を保証できるものではなく」「十分注意する必要がある」という文言を付け加えるようメールが送られたという。[16] 東京地検が判断のよりどころとした前記の注記は、このような原子力ムラ（政府機関と電力、学会、報道界などに張り巡らされた原子力推進のためのネットワーク）の工作によって、「長期評価」に付け加えられたものである。これを根拠に東電役員らを免責するのであれば、今後も同じようなことが起きて、次の事故は防げないことになってしまうであろう。

*国土交通省が津波対策において長期評価の見解を取り入れていたこと

国土交通省は、津波対策の一環として、福島県沖を含む日本海溝沿いでマグニチュード8クラスの津波地震が起こることを前提に、GPS波浪計を設置していた。

ここで特に注目すべき点は、国交省がどういった津波を想定して波浪計の配置を決めたかであるが、国土交通省東北地方整備局財団法人沿岸技術研究センター「津波に強い東北の地域づくり検討調査」東北における沖合津波（波浪）観測網の構築検討調査報告書の図2―13を見れば明らかなように、国土交通省は、推本の長期評

（図2-13）
日本海沿いにM8.0の地震断層を設定した例

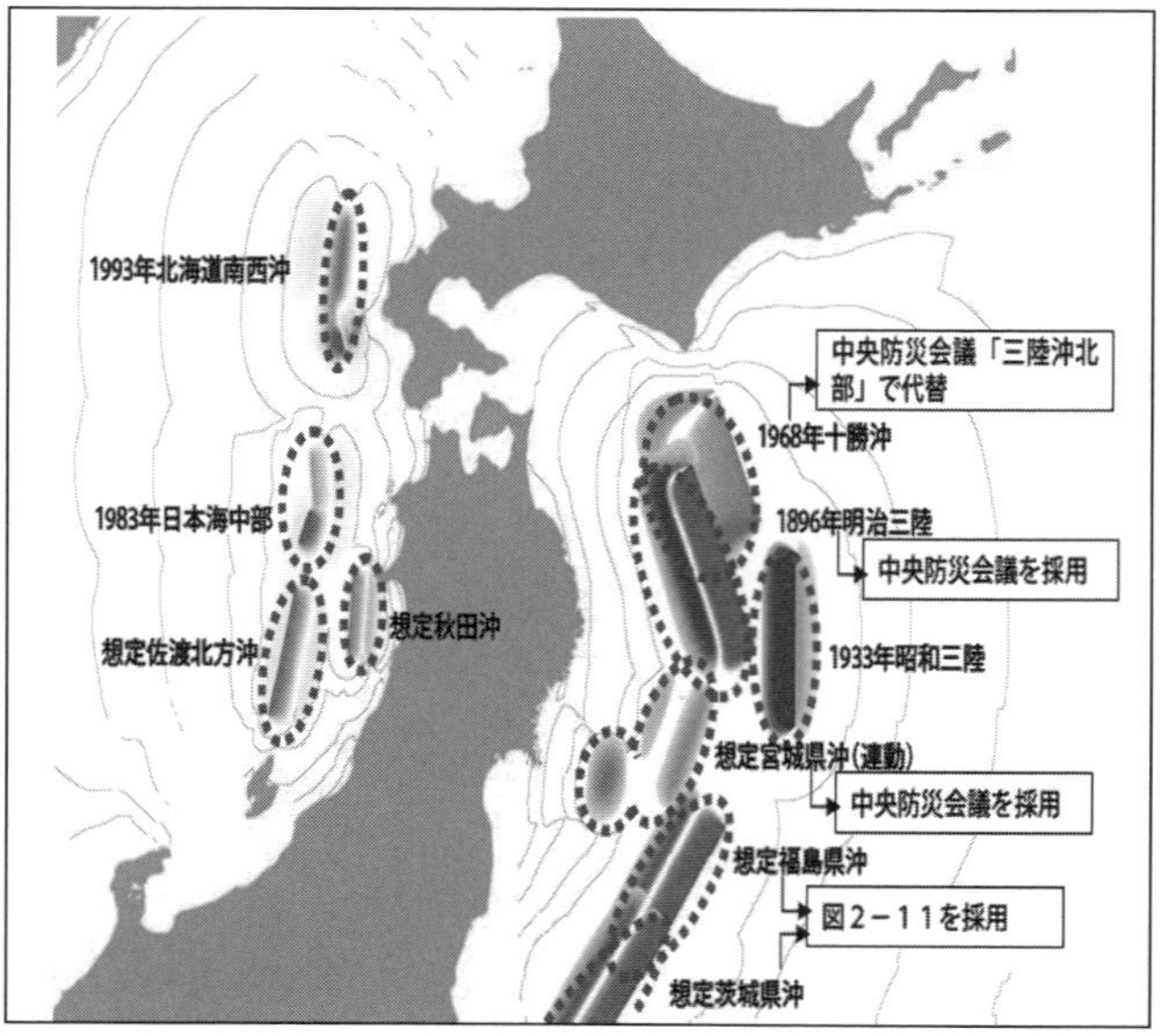

（図2-14）平成16年度東北地方の港湾における津波対策基礎調査〔東北地方整備局〕で設定した地震断層

津波・高潮対策における水門・陸閘等管理システムガイドライン

国土交通省河川局海岸室

1. はじめに

我が国においては、図にあるように、東海・東南海・南海地震等の大規模地震発生の切迫性が指摘され、甚大な被害の発生が想定されている。また、平成16年12月に発生したインド洋大津波は改めて津波被害の恐ろしさを我々に認識させるものであった。

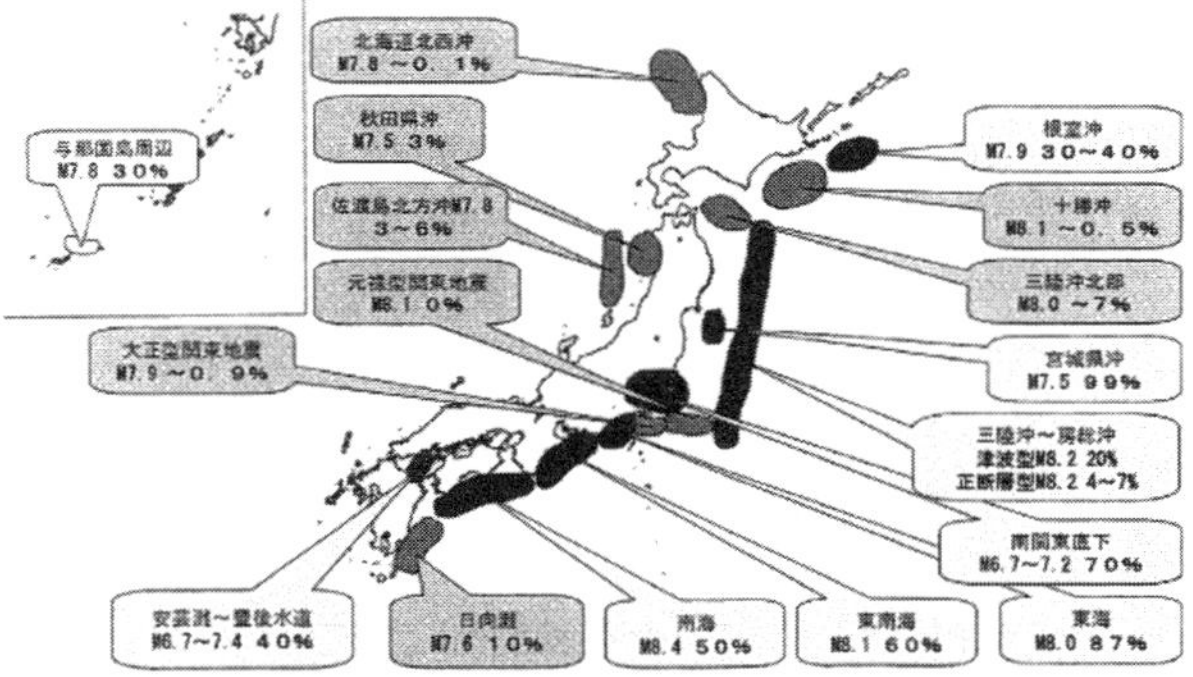

■我が国の今後30年以内の地震発生確率と規模

※地震調査研究推進本部発表を基に河川局にて作成

このような中、平成17年3月に国土交通省は「津波対策検討委員会 提言」をとりまとめた。この提言では、今後、概ね5年以内に緊急的に対応すべき具体的な対策として、津波や高潮の災害から地域を守るため、重要沿岸域※1のうち地域中枢機能集積地区※2において、堤防等の開口部である水門・陸閘等の自動化・遠隔操作化等を概成することなどが明示されている。

※1：重要沿岸域とは、東海・東南海・南海地震、日本海溝・千島海溝周辺海溝型地震による津波被害が想定される沿岸域

※2：地域中枢機能集積地区とは、背後に救援、復興等の危機管理を担う施設（市町村役場、警察・消防署、病院等）がある地区等

このため、水門等を津波や高潮の到達前などに、安全かつ迅速・確実に閉鎖するための考え方を示したガイドラインを策定することを目的に「水門・陸閘等管理システムガイドライン策定委員会」（委員長／目黒公郎・東京大学生産技術研究所都市基盤安全工学国際研究センター教授）を設立し、平成17年10月から3回にわたる委員会の検討を経て本ガイドラインを策定したものである。

〔海岸〕Vol. 46, No. 1（2006）

津波・高潮対策における水門・陸閘等管理システムガイドライン（『海岸』2006より）

価をそのまま引き継ぎ、M8級断層が日本海溝に沿って房総沖まで切れ目無く直列に並ぶ想定をしていたのである。

それればかりか、国交省は、2004年度東北地方の港湾における津波対策基礎調査（東北地方整備局）で想定した地震及び中央防災会議で被害想定に使用された津波波源モデルに対しても検討対象としていた。

＊「津波・高潮対策における水門・陸閘等管理システムガイドライン」でも、長期評価の見解が取り入れられていること

さらに、国交省河川局も、津波対策を策定するにあたって、長期評価の見解を取り入れていた。津波・高潮対策における水門・陸閘等管理システムガイドラインは、津波発生時に水門や閘門を円滑に操作するために作成された資料であるが、策定の背景を解説した『海岸』記事では地震研究推進本部の長期評価の想定が掲げられている。

＊日本原電東海第二原発や東北電力女川原発が長期評価の見解を取り入れて対策工事を実施し事故を未然に防いだこと

東電以外の電力会社が、長期評価の見解を取り入れて対策工事を実施した実例が存在する。例えば、茨城県は、2007年10月、地震研究推進本部が津波地震の一つと判断した延宝房総沖地震（1677年）を根拠に、独自の津波浸水想定を公表している。日本原子力発電株式会社（日本原電）は、茨城県の津波浸水想定を受けて、東海第二原発の津波対策見直しを行っており、この見直しをもとに側壁をかさ上げする工事を行っている。このことによって原発事故が紙一重で避けられたのである。

また、東北電力の女川原発も長期評価が津波地震の一つとして取り上げた三陸沖地震（1611年）が、もっとも大きな津波をもたらす危険があるとして、対策措置を講じていた。そのおかげで、原発事故がからくも回避されたのである。

＊まとめ

以上のとおり、長期評価の見解は、国交省が進める一般防災の対策措置にも取り入れられていた。日本原電や東北電力は、長期評価の見解を取り入れて、原発の安全対策措置を講じていた。東電役員らの刑事責任は明らかであるといってよい。

（４）２００４年12月スマトラ島沖地震・大津波

＊市民団体の申し入れ活動

スマトラ島沖地震は、２００４年12月26日にインドネシア西部、スマトラ島北西沖のインド洋で発生した。マグニチュードは９・１とされている。

いわき市市議会議員である佐藤和良が中心となって活動している「脱原発福島ネットワーク」は、この大地震と津波を受けて、２００５年１月10日に東電勝俣久社長に対して、「原発の地震津波対策に関する公開質問書」を提出した。

２００５年５月15日には、住民団体と東電との交渉が、東電福島第一原発「原子力広報センター」で行われた。この時には、津波想定概要データ、実際に想定したチリ地震津波の評価数値と数値シミュレーションなどについて、文書を配布した上で回答した[17]。しかし、その内容は、推本の長期評価にも全く触れず、従来のチリ津波を想定したものに過ぎなかった。

＊２００４年原子力モニターの指摘

またスマトラ島沖大津波より少し前と考えられる２００４年頃、福島原発の原子力モニターに選ばれた木幡《こわた》ますみは同年の春から夏にかけての時期に行われたモニターの会議[18]でのつぎのやり取りをよく覚えている[19]。

このモニター会議では、所長の松村一弘氏が司会し、勝俣氏も来ていた。また、後に所長になった吉田氏は「課長」と呼ばれて、出席していた。

この時は、「偉い人が来ているので、何でも遠慮なく聞いて下さい」といわれ、私は思いきって日頃から考えていたことを聞いてみました。それは津波対策のことです。「自家発電が地下にあるので、津波が来たら大変ではないか。地上の高いところに上げてくれませんか」と尋ねました。

それに対して吉田課長が答える役割だったのですが、「うーん」としか答えられませんでした。そこに、勝俣氏が「吉田君、吉田君、コストがかかるんだよ。簡単にはできないよ。」と言って割り込んできました。

それに対して、私は、「それはダメですよ。ここは双葉活断層があって、昔地震があったところで、大きな地震が来ることは十分あると思いますよ。」と言い返しました。岩本さんから聞いていたことです。

（中略）

また、私は「メルトダウンしたらどうしますか。」と勝俣さんに聞きました。

それに対して勝俣氏は笑って「馬鹿なことを言うんじゃない。」と取り合いませんでした。また、モニターとして発電所の中まで入れてもらった感想として、「配管が古くて、赤茶けていて、地震が来て大丈夫ですか。」と聞きました。

それに対して、勝俣氏はまた笑って「大丈夫ですよ」と取り合いませんでした。

別の幹部が、最後に「プルサーマルはどうですか」と聞きました。私は「賛成しません」と答えました。

別の幹部が、「それなら、プルサーマルの設計図をもっていきます。」と言われ、本当に翌日にみんなで東電の敷地内で、お祭りの準備をしているところまで設計図をもってこられました。一週間設計図を借りてそのメモをとったりしました。

自家発電を上に上げるという話は、作業員の人たちの希望としても何度か聞いていたので、私から話をしました。東電で働いている人たちも、津波の対策がされていないことを気にしていました。吉田さんは答えられず、勝俣さんがすぐに「コストがかかるんだよ。簡単にできないよ。」と言ったのは、事前にこのことを検討した上でやらないことを決めているように感じました。

その後も、たびたび示される津波対策のための追加工事はしないという方針が勝俣氏のコスト優先の強い意志であらかじめ決められていたことをこのやり取りは物語っている。

(5) 保安院も一時は早期津波対策の覚悟を固めていた

2006年9月13日に、保安院の青山伸、佐藤均、阿部清治の3人の審議官らが出席して開かれた安全情報検討会では、津波問題の緊急度及び重要度について「我が国の全プラントで対策状況を確認する。必要ならば対策を立てるように指示する。そうでないと「不作為」を問われる可能性がある」。と報告されている(第54回安全情報検討会資料　131—132頁、傍線は引用者)。

2006年1月の勉強会立ち上げ時点の資料では、保安院は2006年度に想定外津波による全プラントの影響調査結果をまとめ、それに対するAM対策(過酷事故対策)を2009年度から2010年度に実施する予定としていた(同132頁)。このような決意は、スマトラ島沖の地震による津波のすさまじい被害を目の当たりにした反省から発せられたものであろう。

これらの資料によれば、福島第一を含む全原発についてきちんとした津波対策をとる方針であったことがわかる。

それに対して、東電を含む電事連は強く抵抗し、自らの配下にあるといえる土木学会を動員して、このような保安院の方針を骨抜きにした。災害を忘れることから、次の災害が生み出されることがわかる。福島を忘れ、次の原発事故を引き起こしてはならない。このような経過の中で、どのような工作が展開されたのか、正確な事実はまだ明らかになっていない。

（6）２００６年マイアミレポート

２００６年７月に、米フロリダ州マイアミで開催された原子力工学の国際会議（第14回原子力工学国際会議〈ICONE-14〉）で東電の原子力・立地本部の安全担当らの研究チーム（前述の酒井が代表者）は、福島第一原発に押し寄せる津波の高さについて報告した。[20] 慶長三陸津波（慶長16年〈１６１１年〉）や延宝房総津波（延宝5年〈１６７７年〉）などの過去の大津波を調査し、予想される最大の地震をマグニチュード８．５と見積もった。そして、地震断層の位置や傾き、原発からの距離などを変えて計１０７５通りの計算を行った。今後50年以内に設計の想定を超える津波が来る確率が約10％あり、10ｍを超える確率は約１％弱、13ｍ以上の大津波も、０・１％かそれ以下の確率と算定した。実際に福島第一原発を襲った津波が15ｍ程度であったとすれば、このうちの最後のものに該当する。

さらに、保安院と東電が２００６年、想定外の津波が原発を襲った場合のトラブルに関する勉強会で、福島第一原発が津波に襲われれば、電源喪失する恐れがあるとの認識を共有していた。[21]

しかし、このレポートについては、検察庁は二次に及ぶ不起訴決定に際してなんら判断を示していない。

本来、原子力の安全性は10のマイナス５乗（10万分の１、すなわち０・００１％）の発生事象も考慮すべきものである。[22] ０・１％の確率は、伊方最高裁判決の求めていた安全性のレベルからみれば、当然想定しなければならないものであった。

元原子力規制委員会委員長代理の島崎氏は以下のように述べている。

「原子力土木委員会津波評価部会では翌2003年から津波の確率評価を始め、その内容を原子力土木委員会津波評価部会（2007）として発表した。地震調査委の津波地震のモデルを考慮して、福島県・茨城県沖に断層モデルＪＴＴ２（断層モデルに仮に付けられた名称―引用者注）（Ｍｔ８・３）を配置して、岩手県山田での確率論的津波高を評価している。」

「同様の手法で、東電と東電設計のSakai etal.(2006)は福島県のan example site（一つのサイト例―引用者注）での確率論的津波波高を求めた。これにも福島県・茨城県沖の津波断層モデルＪＴＴ２が含まれている。すなわち、遅くともこの時点で、福島第一原発での10ｍを超える高い津波の危険性を、東電関係者が知っていたと考えられる[23]」

※Ｍｔ：阿部勝征が考案した津波マグニチュード

（7）2006年耐震設計審査指針の改訂

2006年9月に「発電用原子炉施設に関する耐震設計審査指針」が改訂され「新耐震指針」が制定された。津波に対しては「極めてまれではあるが発生する可能性があると想定することが適切な津波によっても、安全性が確保できること」が求められることとなった。つまり、例えば10万年に一度といった、かなり低い発生確率の津波であっても、その場所で発生する可能性が否定できず、原発の安全性確保のために想定することが適切な津波は想定すべきだとされたのである。

また、「想定されるいかなる地震力に対しても大きな事故の誘因とならないよう充分な耐震性を有していなければならない」（逆に言うと想定される地震力をクリアしていれば良い）としていたのに対し、新耐震指針では、「（耐震設計用に）策定された地震動を上回る地震動の影響が施設に及ぶことにより、施設に重大な損傷事故が発生すること、施設から大量の放射性物質が拡散される事象が発生すること、あるいは、それらの結果として周辺公衆に対して放射線被曝による災害を及ぼす」リスク（「残余のリスク」）が存在すること、事業者にあってはこの「残余のリスク」を少なくするよう努めること、すなわち想定された地震力を超える地震にも備えるべきことが定められた。

ここでは「策定された地震動を上回る地震動の影響」としてあるが、耐震指針改定の経緯を見れば、地震に伴って生じる津波の想定に関しても「残余のリスク」を少なくすることが事業者に求められていたことは明らかである。

津波は地震に伴って生じる現象である。耐震設計のための設定地震（耐震設計を行うためには、その基準地震動を定めるために、その原発の設置場所に最も強い地震動をもたらす可能性のある地震を想定し、地震動を計算によって求め、これを耐震設計の前提とする。）は対津波設計においても想定しなければならないものである。であるから、少なくともこの段階で、推本の「長期評価」を想定の対象とするべきであった。

この耐震バックチェックは審査期間中も対策を講じないで運転が続けられるというきわめて安全上ルーズな位置づけで実施されていた。

しかし、1992年の伊方最高裁判決によって原発の安全審査に関する司法判断は最新の科学的な知見に基づいて実施することとされていたのであり、電力事業者も保安院も、対策を先延ばしにするのではなく、重大な科学的知見には直ちに対応して、対策を講ずることが求められていたのである。

（8） 2007年7月中越沖地震の発生と同時故障の多発

＊中越沖地震の発生と原発の被災

2007年7月16日午前10時13分ごろ、新潟県柏崎刈羽原発の北約9㎞、深さ約17㎞を震源とするマグニチュード6・8の地震が発生した。2011年3月の福島原発事故以前に地震によって最も顕著な被害を被った原発は、新潟県中越沖地震時の柏崎刈羽原発であった。全7機のうち、3・11までに運転再開にこぎつけたものは4機、その他は停止したままであった。

＊想定を大きく超えた地震動

新潟県中越沖地震では、それまで考えられていた理論によって想定される地震動に比べ、その6倍も増幅された地震動が柏崎刈羽原発を襲った。その原因は、震源で1・5倍、深部地盤の不整形で2倍、浅部地盤の地層の変化で2倍と評価されたが、このような地盤による異常増幅も、震源の過小評価も、ここで初めて明らかになったことで、これらはいずれも改訂指針でも考慮されていなかった。

その地震の結果、原発の3000カ所が同時に故障した。不等沈下[24]が原因と見られる、地盤変位に伴う相対位置のずれにより、3号機建屋外に置かれた起動変圧器で冷却用油を送る配管に損傷が生じて油漏れが起き、火災が発生した。また、燃料クレーンが大破壊した。

中越沖地震では、柏崎刈羽原発1号機開放基盤表面に、設置許可時に策定された旧耐震設計審査指針に基づく基準地震動S2[25]の450ガル[26]を遥かに超える1699ガルの揺れが現実に生じ、耐震バックチェックでは新指針にもとづいて想定すべき地震動Ss[27]は2300ガルとされた。つまり、設計基準動は5倍も超過し、著しい過小評価となっていたのである。この点の安全審査の不十分さが大飯原発についての福井地裁で住民の運転差し止めが認め

地震で破壊された燃料クレーン

られた根本的な理由となっている。

ところが、幸いにも建屋が半地下方式であったために、観測された建屋への入力地震動（実際の建物の揺れ）は減衰して、設計用地震動すなわち前記の450ガルを大きく超えるものではなかったとしている。このため東電は、原発は耐震設計を越える地震動が来てもそれに耐えられると慢心してしまったのである。

活断層の見落としや、基準地震動が現実に生じる地震によるものの5分の1以下という間違いは、東電が耐震設計、耐津波設計を根本的に見直さなければならないことを示していた。我々は、浜岡原発訴訟や柏崎原発訴訟などで、この点を強く主張していたにもかかわらず、東電をはじめとする電力会社は全く反省しなかった。

＊東電が受け止めるべきであった教訓

中越沖地震とこれに伴う柏崎刈羽原発の被災と長期停止は、東電にとって地震災害のもたらす原発の危険性について次のような大きな警告を与えた。

①安全審査において想定されていた地震動を大幅に上回る地震動が発生した。しかも、このような地震動がM6.8という、比較的小さい規模の地震で生じたことは、従来の耐震設計審査指針の信頼性に重大な疑問を呼び起こすものであった。

②地震時には原発の多数の設備が同時に故障する。中越沖地震においては3000カ所を超える損傷が同時に発生した。従来の原発の安全審査では、原発内部の事象に基づく単一故障だけを想定してきたが、自然現象を起因として多数の共通原因故障が起きることが明確となった。このような反省を踏まえて、国は原子炉の安全設計審査指針や安全評価指針を見直す必要があったし、事業者は運転を継続するのであれば、このような事象への対策を緊急に講ずる必要があった。

③損傷箇所の中には燃料集合体が外れたり、制御棒が引き抜けなくなったり、燃料の吊り上げクレーンが壊れたり、原子炉の基本的な安全性につながる機器の故障が報告されている。地震によって原子炉の基本的安全性が失われる可能性があることを前提に対策を講ずるべきであった。

④とりわけ耐震重要度分類の異なる設備が、それぞれ異なる程度の地盤沈下を受けた。建屋の境界部で地盤の段差が生じ、多数の配管系に被害をもたらすことも判明した。変圧器の火災もこのような不等沈下が原因であった。1号機では原子炉建屋近くの消火用配管が破断し、周辺の土砂を伴って約2000トンの水が地下に流入する事態が生じた。このような同時損傷のメカニズムが明確となったことを受け、耐震重要度分類の見直しや建屋境界部の配管などの設備の損傷の予防などが具体的に取り組まれる必要があった。

また、これは福島第一原発のケースだが、元東電技術者で福島第一原発で原子炉の運転や核燃料の管理をしていた木村俊雄氏（2001年に退社）は、1991年10月30日に福島第一原発で事故が発生したときのことを報告している。海水が漏洩しディーゼル発電機が膝上まで浸水し使用不可となったという。木村氏は上司に「このくらいの海水漏洩で非常用ディーゼル発電機が水没して使えなくなるとすると万が一津波が来た時には非常用ディーゼル発電機が全台使えなくなる。そうなると原子炉を冷やせなくなる。津波による過酷事故の解析が本当は必要では」と進言した。しかし上司は「その通りだ。君の言う通りだ。しかし安全審査をやってる人間の中ではこれは実はタブーなんだ」といわれたという。この上司は東電の幹部[28]となっているという。このように建屋に地下水や海水が侵入する危険は早くから指摘されていたことがわかる[29]。

⑤地震時には原子炉の冷温停止が困難になる事態も発生した。また外部電源系のもろさも認識された。外部電源が失われた場合、非常用電源が生命線となる。非常用電源が起動しなかったり、途中でダウンすればメルトダウンの危機に陥る。東電とその役員はこのことを中越沖地震の際の柏崎の被災から学ぶことができたにもかかわらず、これらの教訓は全く活かされることがなかった。

政府事故調中間報告は、当時の東電幹部の認識について、次のような厳しい指摘を行っている。

「当委員会によるヒアリングに対し、武藤栄顧問（取締役副社長兼原子力・立地本部長等を歴任）、小森明生常務取締役（元原子力・立地副本部長（原子力担当））及び吉田昌郎福島第一原発所長（元原子力設備管理部長）を始めとする幹部や耐震技術センターのグループマネージャーらは、皆一様に、『設計基準を超える自然災害が発生することや、それを前提とした対処を考えたことはなかった。』旨述べたが、設計基準を超える自然災害が発生することを想定しなかった理由について明確な説明をした者はおらず、『想定すべき外部事象は無数にあるので、外部事象を想定し始めるときりがない。』旨供述した幹部もいた。吉田所長は、『平成19年7月の新潟県中越沖地震の際、柏崎刈羽原発において事態を収束させることができたことから、ある意味では設計が正しかったという評価になってしまい、設計基準を超える自然災害の発生を想定することはなかった。』旨述べており、かかる供述は、東京電力において、設計基準を超える自然災害が発生することを想定した者がいなかったことの一つの証左といえる。[30]」

設計基準を超える自然災害は予見できたし、予見されていた。にもかかわらず、東電の幹部は、根拠もなくまさか起きないだろうと高をくくり、重大事故を引き起こしたのだ。

地震時に溢水した地下水で冠水した１号機：
タービン複合建屋の地下室（東京電力撮影）

（9）2008年には、当時東電の役員であった被疑者らは福島第一原発に15ｍを超える津波が襲う危険を予見することが可能だった

＊東電内における試算では15・7メートルが想定されていた

2008年年2月ごろには、東電は、「1896年の明治三陸沖地震と同様の地震は、三陸沖北部から房総沖の海溝寄りの領域内のどこでも発生する可能性がある」とした長期評価の取扱いについて、有識者に意見を求めた。「有識者」（吉田調書（2011年11月30日付4頁）によると、今村氏だと考えられる）は、「福島県沖海溝沿いで大地震が発生することは否定できないので、波源として考慮すべきである」との意見を提出した[31]。

2008年5月下旬から、東電は、長期評価に基づき、津波評価技術で設定されている波源モデルを流用して、明治三陸地震（1896年発生）並みのマグニチュード8・3の地震が福島県沖で起きたとの想定で、襲来する津波の高さの試算を行った。この想定は伊方最高裁判決の求めていた安全性のレベルからみれば、当然想定しなければならないものである。その結果、冷却水用の取水口付近Ｏ・Ｐ・＋8・4ｍから10・2ｍ、浸水高は、福島第一原発の南側の1号機から4号機でＯ・Ｐ・＋15・7ｍ、北側の5号機から6号機でＯ・Ｐ・＋13・7ｍ、との計算結果が得られたのである[32]。

＊保安院にも提出されなかった計算結果

しかし、この試算結果は2011年3月7日まで保安院には提出されなかった。地震と事故の4日前のことである。

このことは、当時の東電と保安院との津波審査全体をバックチェックの中で表に出さず、隠蔽していく共犯関係を前提とすると、異常さが際立つ対応である。つまり、東電・電事連はとことんまで保安院を籠絡しながら、保安院を最後のところで信用せず、最も重要なデータは見せないという対応をとっていたことになるからである。つまり、越後屋（東電）が悪代官（保安院）をとことん骨抜きにしながら、越後屋は悪代官がいつ裏切るかわからないと考え、

最後の重要情報は渡していなかったと言うこととなる。

被疑者武黒は、２００８年2月の「中越沖地震対応打合せ」で、福島第一原発の想定津波高が上昇する旨の資料を確認するとともに、参加者から「14ｍ程度の津波が来る可能性あるという人もいる」という発言を受け、「女川や東海はどうなっている」という質問をしていたことが検察審査会の議決で明らかにされている。

＊いったんは検討された具体的な津波対策

２００８年6月、土木調査グループ（前出）から被疑者武藤栄らに対してＯ・Ｐ・＋15・７ｍの試算結果が報告された。被疑者武藤栄は、非常用海水ポンプが設置されている４ｍ盤への津波の遡上高を低減する方法、沖合防波堤設置のための許認可について、機器の対策の検討を指示した。津波対策の計画と予算を検討するように命じたのである。

＊結局、推本の見解の無視を決めた武藤ら

しかし、この対策は実施されなかった。２００８年7月、被疑者武藤栄から土木調査グループに対し、耐震バックチェックにおいては推本の見解を取り入れず、従来の土木学会の津波評価技術に基づいて実施し、推本の長期評価については土木学会の検討に委ねることとし、これ

発-原設管（土木）-H21-10
平成21年6月11日

社団法人　土木学会
[redacted]殿

東京電力株式会社
執行役員　原子力設備管理部長[redacted]

「委託研究」の申請について

下記により、調査研究の委託を申請いたします。

記

1．委託研究題目
「津波評価技術の体系化に関する研究（その4）」

2．研究の目的・内容
電力共通研究「津波評価技術の高度化研究（PhaseⅡ）」において検討された内容等を学識経験者により審議いただき、体系化することを目的として、以下の内容について研究を実施する。
（1）波源モデルに関する検討
（2）数値計算手法に関する検討
（3）津波水位評価における不確かさの考慮に関する検討

3．委託研究期間
契約締結日より平成２４年3月２３日まで

この委託研究によって対策は先送りされた

らの方針について、津波評価部会の委員や保安院のワーキンググループ委員の理解を得ることなどを指示した。

この対策さえ実施されていれば、福島原発事故は避けられたのである。返す返すも残念であるし、東電と武藤らの責任は決定的である。

(10) ２００８―２００９年には、貞観津波規模の地震想定によって、被告訴人らは福島第一原発に９ｍ程度（土木学会手法[35]によれば約12ｍ程度）の津波が襲う危険を予見することが可能だった。

*佐竹論文の入手

２００８年10月頃に東電は、佐竹健治氏らによる貞観津波の波源モデルに関する論文案（佐竹健二・行谷佑一・山木滋「石巻・仙台平野における８６９年貞観津波の数値シミュレーション」（以下「佐竹論文」という。）を公表前に入手した。

上述の中越沖地震による柏崎刈羽原発の被災を経験した東電及び被告訴人らにとって、福島県沿岸に強い津波が襲ったという情報は極めて重要であったはずである。この情報は、２００８年の時点で役員であった被告訴人勝俣恒久、皷紀男、武黒一郎らに周知されたものと考えられる。１６１―１６２頁に後述する森山審議官メール（津波の追加対策が必要であることを東電も保安院も了解していたことを示す部下へのメール）もこのことを裏付けている。

*貞観地震再来の場合の津波高さ試算

２００８年12月には、東電は、宮城・福島県沖で貞観地震規模のマグニチュード８・４の地震が発生したことを想定した津波高さの試算を行った。その結果、福島第一原発の取水口付近Ｏ・Ｐ・＋８・７ｍから９・２ｍの津波（土木学会手法によれば、この高さは３割程度高くなるとされており、12ｍ程度となる）が襲来するとの試算を得た。これは前述の、同年5月の15・7mの試算とは別のものである。

この情報は、2008年の時点で役員であった被告訴人勝俣恒久、武黒一郎らに周知された。

＊耐震バックチェックにおける委員の指摘を圧殺した名倉審査官

総合資源エネルギー調査会の原子力安全・保安部会、耐震・構造設計小委員会・地震・津波、地質・地盤合同ワーキンググループの2009年6月24日開催された会議において、委員である岡村行信産業技術研究所センター長は、貞観地震による津波の規模が極めて大きかったことや、貞観地震による津波について、同研究所や東北大学の調査報告が出ていたにもかかわらず、福島第一原発の新耐震指針のバックチェックの中間報告で、東電がこの津波が原因となった貞観地震について全く触れていないのは問題であると指摘し、津波審査のやり直しを強く主張していた。

この場で東電の立場を説明していたのは、第二次告訴の対象にした東電土木グループの高尾である。

しかし、保安院の名倉審査官が異常なほど冷淡に議論を切り捨てて問題を先送りしようとしていることに大きな違和感を感じてきた。

この部分を2009年7月13日の議事録から引用してみる。


「岡村　実際問題として、この貞観の時期の地震動を幾ら研究したって、私は、これ以上精度よく推定する方法はほとんどないと思うんですね。残っているのは津波堆積物ですから、津波の波源域をある程度拘束する情報はもう少し精度が上がるかもしれないですが、どのぐらいの地震動だったかというのは、古文書か何かが出てこないと推定しようがないとは思うんですね。そういう意味では、先延ばしにしても余り進歩はないのかとは思うんですが。
○名倉安全審査官　今回、先ほど東京電力から紹介した資料にもありましたけれども、佐竹ほか（2008）

の中で、当然、今後の津波堆積物の評価、それは三陸の方もありましたが、それから、多分、南の方（引用者注＝福島のこと）も今後やられる必要があると思いますが、そういったものによって、位置的なものにつきましては大分動く可能性があるということもありますので、そこら辺の関係を議論するためのデータとして、今後得られる部分がいろいろありますので、そういった意味では、今、知見として調査している部分も含めた形でやられた方が信頼性としては上がると私は思っていますので、そういう意味では、その時々に応じた知見ということで、今後、適切な対応がなされることが必要だと思います。その旨、評価書の方に記載させていただきたいと思います。」（同議事録の13頁）

ここで、名倉安全審査官はこの問題は中間報告では取り扱わず、最終報告に記載しますといって、話をうやむやにしている。最終報告は、委員には半年、1年内に出すと行っておきながら、最終報告の時期もどんどん引き延ばされ、2011年3月11日の時点でも完了していなかった。

＊東電は保安院に対して虚偽説明をしていた

2009年8月上旬には、保安院は東電に対し、貞観津波等を踏まえた福島第一原発及び福島第二原発における津波評価、対策の現況について説明を要請した（政府事故調中間報告書　413頁）。

これに対して、8月28日ごろ、東電は、15・7mの試算の存在は明らかにしないで、2002年の土木学会の津波評価技術に基づいて算出したO・P・+5mから6mまでという波高だけを説明した。あえて、社内の重要な試算結果を規制当局に隠したのである。

森山審議官のメールは、このやりとりの8ヶ月後のものであるが、福島第一原発のバックチェックが容易に進まなかったのは、津波対策による追加工事が必要になることがほぼ確実に予測され、そのことを東電がいやがったためであることがわかって、このやりとりの意味も明確になった。保安院は東電の虜となり、まさに共犯とも言うべき状況で、プルサーマルを進め、津波対策工事による出費で東電の赤字が膨らむのを防ぐために、バックチェックの先延ばしを進めていたのである。

＊貞観津波についての東電の保安院に対する説明

保安院は、貞観津波に関する佐竹論文に基づく波高の試算結果の説明を求めた。これに対して、２００９年９月７日ごろ東電は、貞観津波に関する佐竹論文に基づいて試算した波高の数値が、福島第一原発でＯ・Ｐ・＋約８・６ｍ～約８・９ｍであることを説明するに至った。

東電が保安院に提出する報告等は、その内容について取締役らが認識を共有していたことは、森山メールによって裏付けられる。

最も重要な会議であるこの日の会議に、電力会社に対して厳しい要請をしていた小林勝耐震審査室長は欠席している。しかし、その理由については政府事故調の公開情報の該当部分が墨塗りされていて分からない。

小林氏は当時のことについて「野口（哲男）課長から「保安院と原子力安全委員会の上層部が手を握っているのだから、余計なことはするな。」という趣旨のことを言われたのを覚えている。」（小林第２調書の４頁）「私としては、１Ｆ３号機の耐震バックチェックの中間報告について評価作業をするのであれば、貞観地震についても議論しなければならないと考えていた」（同調書の６頁）「実質的に人事を担当する（３字削除）（筆者注＝原昭吾、つまり原広報課長のこと）課長（当時）から「余

【貞観地震について】

○　貞観地震については、森山審議官が貞観地震を検討した方が良いと言い始めた時に初めて知った。1F-5 の中間評価が終わり、1F-3 のプルサーマルが問題になった平成２１年頃、福島県知事が、①耐震安全性、②プルの燃料の健全性及び③高経年化の３つの課題をクリアしなければプルは認められないと言っていた。森山審議官は、当時、貞観地震が議論になり始めていたことから、福島県知事の発言に係る①耐震安全性の検知から、貞観地震の問題をクリアした方がいいんじゃないかと言い始めた。私も森山審議官の考えに賛成だったが、結論として、1F-3のプルサーマル稼働を急ぐため、[redacted]原案委に諮らなかった。私は、野口安全審査課長（当時）に対し、かような取扱いに異議を唱え、「安全委員会に[redacted]話を持って行って、炉の安全性について議論した方がよいのではないか。」と言ったが、野口課長は「その件は、安全委員会と手を握っているから、余計な事を言うな。」と言った。また、当時ノンキャリのトップだった原広報課長から「あまり関わるとクビになるよ。」と言われた

2011 年 8 月 18 日付　政府事故調小林勝調書　より

計なことをするとクビになるよ」という趣旨のことを言われた。」（同調書の7頁、カッコ内は引用者）と述べており、厳しいことを発言するとクビになることを恐れたため自分から欠席したか、上司から余計なことを言わないように出席を止められた可能性が高い。

いずれにしても、この会合に小林室長が出席して、貞観津波への対応を強く求めていれば、東電は15・7mの津波についても、説明せざるを得なくなっていた可能性もあるし、津波対策が大きく進んだ可能性がある。

小林室長を出席させなかった野口、原両課長にも重大な共同過失責任がある。この時期にプルサーマルの推進を強く進めていた野口氏を安全審査課長に据えた人事そのものが、極めて異例である。福島第一原発3号機のプルサーマルの推進のために耐震バックチェックの進行を遅らせ、津波対策を採らせなくするように、組織的圧力が加えられた。その背景には、経済産業省からの働きかけがあったと考えられるが、その全体像は解明されていない。

(11) 貞観の津波を考慮すれば、追加対策が必要となることは保安院と東電の共通了解であったことを示す森山メール

＊衝撃的内容の森山審議官の部下に宛てたメール

さらに、驚くべき事実が添田氏の前掲書により明らかになった。2010年3月24日午後8時6分に保安院の森山審議官が、原子力発電安全審査課長らに送ったメールでは、「1F3（福島第一原発3号機）の耐震バックチェックでは、貞観の地震による津波評価が最大の不確定要素である」こと、「貞観の地震については、福島に対する影響は大きいと思われる。」こと、「福島は、敷地があまり高くなく、もともと津波に対して注意が必要な地点だが、貞観の地震は敷地高を大きく超えるおそれがある。」「津波の問題に議論が発展すると、厳しい結果が予想されるので評価にかなりの時間を要する可能性は高く、また、結果的に対策が必要になる可能性も十二分にある。」「東電は、役員クラスも貞観の地震による津波は認識している。」「というわけで、バックチェックの評価をやれと言われても、何が起こるかわ

かりませんよ、という趣旨のことを伝えておきました」とされていた。

このように、貞観地震による津波を想定すれば現在の設計を超えることから、耐震バックチェックを完了するためには大規模な津波対策が必要であり、そのことは国と東電との完全な共通理解事項となっていたが、対策時期を遅らせるために、早期に結論を出すはずであった耐震バックチェック作業が無限に先延ばしされ、何の対策もとることなく運転の継続を認めていた。このこととプルサーマルと関連している可能性が高い。このことの責任は極めて重要である。この責任は東電と保安院との共犯であるが、２００８年のシミュレーション結果を隠匿していた東電の責任の方が決定的に重大である。

＊貞観の津波について勝俣会長に報告したとする吉田調書

貞観の津波については、勝俣会長にまで報告されていた。吉田調書によれば、「会長の勝俣さんは、そうなのか、それは確率はどうなんだと」（２０１１年11月30日付吉田調書の19頁）、「貞観地震というのは、私はたしかその後で、ここで一回、社長、会長の会議で話をしました」（同調書の26頁）、「日曜日にやる月1の社長、会長もでた中越沖地震対策会議の席では、皆さんに、その時点での最新のお金のものをお配りして」（同調書の27頁）、「（平成）20年の6月、7月ころに話があったのと、12月ころにも貞観とか、津波体制、こういった話があれば、それはその都度、上にも話をあげています。」（同調書の36頁）と説明している。このように、貞観の津波については、武藤と武黒だけでなく、勝俣にまで報告されていたことは確実である。

＊森山と小林、名倉の取調べも実施せず

「東電は、役員クラスも貞観の地震による津波は認識している。」とされているように、審議官クラスと東電役員の間で、津波対策のための追加対策はバックチェックを完了するには必須であるが、プルサーマルの実施を優先させ、先延ばしとすることが話し合われていたのである。この役員には間違いなく、被疑者武藤と武黒の二人は含まれているはずである。勝俣へも報告されているはずだ。

この点については、森山審議官らを取調べて役員クラスとは誰かを明確にするべきであると我々申立人らは強く主張した。しかし、検察による再捜査結果はこの点について沈黙している。

(12) なぜ、耐震バックチェックは完了しなかったのか

福島第一原発の耐震バックチェックの作業は指針ができて5年目となる2011年になっても、一向に収束しなかった。

当時の委員のバックチェックについての認識は政府事故調の岡村行信調書に示されている。名倉氏は「本報告には津波対策を入れる」、本報告は、「中間報告から半年〜1年後（に結論を出す＝引用者）と保安院は言っていたと思う」と述べていたという。もし、名倉氏が述べていたように、2009年7月から半年ないし1年で結論が出せれば、津波対策を始めることができて、災害の結果は変わったはずである。

2010年11月文科省の推本が「活断層の長期評価手法（暫定版）」を公表したことを契機として、保安院は、東電に対し、津波対策の現状についての説明を要請した。

1F3バックチェック（貞観の地震） [redacted]
[redacted] 宛先: [redacted] 2010/03/24 20:06

各位 ← 森山

1F3の耐震バックチェックでは、貞観の地震による津波評価が最大の不確定要素である旨、院長、次長、黒木審議官に話しておきました。私の理解が不正確な部分もあると思いますが、以下のように伝えています。

・最近貞観の地震についての研究が進んできた。
・耐震バックチェックWGでも、貞観の地震に関する論文を考慮し検討すべきとの専門家の指摘を受け、地震動評価を実施している。
・また、保安院の報告書には、今後、津波評価、地震動評価の観点から調査研究成果に応じた適切な対応を取るべきと書いており、と宿題になっている。
・貞観の地震については、地震動による被害より、津波による被害が大きかったのではないかとの考えもある。
・貞観の地震についての研究は、もっぱら仙台平野の津波堆積物を基に実施されているが、この波源をそのまま使うと、福島に対する影響は大きいと思われる。
・福島は、敷地があまり高くなく、もともと津波に対しては注意が必要な地点だが、貞観の地震は敷地高を大きく超えるおそれがある。
・東電は、WGでの指摘も踏まえ、福島での津波堆積物の調査を実施しているようだ。
・貞観の地震についての佐竹他の研究は、多分今年度が最終年度で、今後、地震本部での検討に移ると思われる。そうすれば、今年の夏から来年にかけて、貞観の地震についての評価がある程度固まってくる可能性は高い。
・ただし、貞観の地震による津波の評価結果は、原子力よりも一般防災へのインパクトが大きいので、地震本部での評価も慎重になる可能性もある。
・1F3について、仮に中間報告に対する保安院の評価が求められたとしても、一方で貞観の地震についての検討が進んでいる中で、はたして津波に対して評価をせずにすむのかは疑問。
・津波の問題に議論が発展すると、厳しい結果が予想されるので評価にかなりの時間を要する可能性は高く、また、結果的に対策が必要になる可能性も十二分にある。
・東電は、役員クラスも貞観の地震による津波は認識している。

というわけで、バックチェックの評価をやれと言われても、何が起こるかわかりませんよ、という趣旨のことを伝えておきました。

政府事故調2011年9月2日聴取の小林勝調書添付のメール

２０１１年３月７日、まさに東日本大震災の４日前、東電は、ようやく15・７ｍシミュレーション結果を国に報告した。２００２年の地震調査研究推進本部の長期評価に対応し、明治三陸地震が福島沖で発生した場合、13・７ｍ～15・７ｍの津波が襲うという内容だった。

小林勝室長は、２０１１年３月７日に、このシミュレーションの報告が東電から保安院に対してなされた際に、次のように警告した。２０１２年に予定されていた土木学会の津波評価技術の改訂に合わせるという東電の方針に対して「それでは遅いのではないか。土木学会による津波評価技術の改訂に合わせるのではなく、もっと早く対策工事をやらないとだめだ」「このままだと、推進本部（推本）が地震長期評価を改訂した際に、対外的に説明を求められる状況になってしまう。」（カッコ内引用者）とコメントしたという。しかし、これは遅すぎた警告であった。

平成23年3月7日
東京電力株式会社

福島第一・第二原子力発電所の津波評価について

取扱注意
お打ち合わせ用

1．基本方針
①発電所の津波対策については，土木学会原子力土木委員会津波評価部会における審議状況，貞観津波を視野に入れて社内検討を実施する。（現在検討中）
②発電所の津波評価については，「原子力発電所の津波評価技術」の改訂時期（平成24年10月改訂予定），バックチェック最終報告の時期に応じて適切に対応する。

2．発電所の津波対策に関する現状の社内検討状況
①津波対策工（防波堤・護岸の強化，建物・構築物の新設，ポンプの水密化など）に関する検討
②津波対策工を考慮した津波評価の合理化に関する検討

3．各研究機関，津波評価部会，東京電力の津波波源に関する検討状況
①「三陸沖北部から房総沖の海溝寄りのプレート間大地震（津波地震）」について
（2010.12.7　津波評価部会にて確認）
・北部では「1896年明治三陸沖」，南部では「1677年房総沖」を参考に設定。
②「貞観津波」について
（2010地震学会秋季大会における産総研行谷氏の見解）
・津波堆積物を再現する断層モデルを複数検討。最終的な断層モデル確立には更なる知見の拡充が必要で，あと２～３年程度要すると考えられる。
（2011.3.2　津波評価部会にて確認）
・断層モデルとしての成熟度が低い（諸元の不確実性が高い）ため，次回の改訂で取り込むのは時期尚早。継続して知見を収集する。
（東京電力における検討状況）
・福島県沿岸で津波堆積物調査を実施（H23.5日本地球惑星科学連合合同大会にて報告予定）。H23.10日本地震学会にて調査結果を最も良く再現する断層モデルを提案予定。

4．今後の予定
平成23年4月中旬　地震本部改訂版公表
～　発電所の津波対策検討

東京電力「福島第一・第二原子力発電所の津波評価について」

本件事故発生後も２０１１年８月まで、この３月７日の報告は国・保安院によって秘匿された。東電は本件事故について３月13日の清水社長会見以来、事故は「想定外の津波」を原因とするものであり、東電には法的責任がないとの主張を繰り返した。これを明らかにしたのは、読売新聞のスクープであった。

（13）２００８年と２００９年の東電の津波対策先送りこそが本件事故の決定的要因である

耐震バックチェックがいつまで経っても終わらなかった背景に、津波対策が不可避となっており、耐震バックチェックのオープンの会議を開けば、専門家から重大な疑問を提起されることがわかっていながら、問題を回避するために、問題の先延ばしを図っていたという事実があった。このことは、衝撃的な新事実である。

前述した小林氏の「野口課長は「その件は、安全委員会と手を握っているから、余計な事を言うな。」と言った。また、当時ノンキャリのトップだった原広報課長から「あまり関わるとクビになるよ。」と言われた事を覚えている。」という証言（小林第1調書の1―2頁）は、津波対策が厳重なタブーと化していたことを裏付けている。

この２００９年に岡村氏の問題提起がなされていた時には、東電はその前年に既に15・７ｍのシミュレーション結果を得ていた。しかし、審査する側の保安院はこのことを知らないで審査をしていたのである。

この問題提起に対し、東電及び原子力安全・保安院は、津波の議論は先送りにするとして議論を打ち切り、何ら対応しなかった。この議論が行われた時点で、もし東電が正直に15・７ｍのシミュレーションを保安院に提出していれば、いかに腐敗した保安院でも、いったんは２００６年に「不作為を問われる可能性がある」とまで言っていたのであるから、きちんとした津波対策が命じられていた可能性は極めて高い。

この推測は、前述した小林調書において、２０１１年３月７日に、このシミュレーションの報告が東電から保安院に対してなされた際に、対策を土木学会の津波評価技術の改訂に合わせるという東電の方針に対して小林氏は「それでは遅いのではないか。土木学会による津波評価技術の改訂に合わせるのではなく、もっと早く対策工事をやらないとだめだ」と述べたという事実からも裏付けられる（小林第2調書12頁）。

2008年のシミュレーション結果を保安院に提出せず、土木学会に検討依頼という形で問題を棚上げした行為そのものが、本件事故の決定的な原因であることはもはや疑いようがない。

そして、この過失責任は被疑者勝俣、武黒、武藤、小森と今回あらたに告訴した東電の被告訴人酒井、高尾、西村、保安院の森山、名倉、小林（今回は情状を酌量し告訴しない）、野口、原、さらには保安院の上層部と握っていたとされる原子力安全委員会の津波対策担当者、保安院の職員がクビになるとまで圧力をかけられる源泉となるすさまじい圧力をかけていた電事連の津波対策関係者らの共同過失である。

検察の予見可能性に関する不起訴理由への反論

（1）対策を講ずるためにマグニチュード9を想定する必要はなかった

検察は、震災前においては、本件のような超巨大地震・津波を予測する知見はなく、過去に津波地震の発生が確認されていない福島県沖について、本件のような大津波の襲来を具体的に示す研究成果は存在していなかったなどと主張する。このような主張は、吉田調書においてもマグニチュード9を想定した者はいないと声高に主張されていたことは前述した。このような検察の判断は、原子力の安全性評価のあり方として、完全に誤っている。確かにマグニチュード9の地震が起きると予測した研究者はいなかった。しかし、福島沖を含めて、マグニチュード8クラスの地震が起きることは地震調査研究推進本部（推本）も予測していたし、さかのぼれば、7省庁手引きでも同じことが指摘されていた。吉田氏はこのことを知ってか知らずか、混同して話しているのである。そして、予測されていた福島沖のマグニチュード8クラスの地震に対する対策がとられていれば、高さ15ｍという津波の高さが一致していたのであるから、原発は守れたのである。

少し北側の宮城県沖でこのような地震が発生していることは常識であり、プレートはつながっているのであるから、より南側でも、このような地震が発生することは当然想定しなければならなかった。

（2）許されない検察の論理

検察は、推本の評価において福島沖の評価はCランクで、「やや低し」とされていたことについて対策をとらなかったことの根拠として援用している。Cランクは4段階のランクの下から二番目である。

しかし、原発の安全性確保のためには10―100万年に一度の事象にも備えなければならない。

検察審査会の議決は、

「東京電力は、10mを超える津波が襲来する確率は、1万年に1度から10万年に1度との試算を得ていたが、これは耐震バックチェックの基準地震動に用いた地震動の確率と同程度であり、耐震審査設計指針の「施設の供用期間中に極めてまれではあるが、発生する可能性があると想定することが適切な津波」というべきである。また、伊方原発最高裁判決の趣旨、原子力安全委員会安全目標専門部の報告書の趣旨からも、推本の長期評価は取り入れられるべきものといえる。」（議決書7―8頁）

との判断を示していた。

東京地検は、第一次不起訴理由概要において、「推本の長期評価による津波地震の発生確率は、その信頼度が高いものではないとされていた上、東京電力では、O・P・+10mを上回る津波が襲来する確率は1万年から10万年に1回程度と試算されていたことなどに鑑みれば、直ちに対策工事を実施しなかったことが、当時の行為者の立場に置かれた一般通常人において遵守することが要求される社会的行動準則・行動基準から逸脱していたとまでは認め難い。」とした。（傍線、引用者）

しかし、本来1万年から10万年に1回程度という数値は、原子力安全の分野では考慮をしなければならない事象である。[34] こんなことも知らないのかと検察官に質問したところ、次のような回答があった。

「1万年から10万年に一度のリスクに対応すべきだと言うことは理解している。ここのロジックは、1万年から10万年に一度だから対策しなくてもいいとはいっていない。『直ちに』と書いてある。いますぐに対策をとらなくてもいいでしょうという意味だ。直ちに対策せずに土木学会に検討させるという措置が過失とまでは言えないということだ。それでは何年以内にやる必要があったのかといえば、今すぐやらなきゃいけないという意味でなく、3年後ではだめで今やらないといけないという具体的な数字を出して言えるものではない。[35]」

この回答には、本当に驚いた。1万年に一度は過酷事故が起きるというリスクを放置して、土木学会に検討を依頼し原発の運転を継続した被告訴人らの行為は、万が一にも原発事故を発生させてはならない電力会社の役員にあるべき判断基準から外れていないというのだ。1万年に一度といえば稀な現象と感じるかもしれないが、原発の寿命は40─60年であり、国内には50基を超える原発が存在している。すなわち災害の起こる確率は1万炉年（50機の原発が200年運転すれば、10000炉年となる。）に一度となり、これをよしとしてしまえば、原発の寿命中に重大事故が起きる確率は日本全体で約4分の1となる。

地震学者の石橋克彦氏がよく言われることだが、地震防災では、「いつか起きることは、明日起きるかもしれないと考えて対策をとらなければばならない」のである。とりわけ、原発という潜在的な危険をはらんでいる巨大な設備の安全性については、例外なくこのように判断しなければならない。そして対策が間に合わないのならば、せめて原発を停止させておくべきであった。東電とその役員である被告訴人らは、このように対策を先延ばしし、原子炉の運転を継続させたために、福島原発事故を引き起こしたのである。

検察のこの論理の誤りはなんとしても正す必要がある。そうでなければ、この不起訴処分の論理が次の重大原発事故を準備することとなってしまう。

このような検察の誤りを正したのが、検察審査会の上記の議決であった。このような明快な議論に対して、反論できなくなった検察は第二次不起訴決定では、次に引用するような、驚くような屁理屈を考え出した。

「再捜査の結果、東京電力では、津波の確率論的評価（原注2）[36]を試験的に実施し、1号機ないし4号機についてO.P.+10メートルを上回る津波が襲来する確率は10万年から100万年に1回、本件津波の高さに匹敵する13メートルでは100万年から1000万年に1回と算出されていたことが認められるところ、これら震災前に把握されていた数値等を根拠に、本件結果を回避できる措置を講じておくべき義務があるとまでは認められない（なお、第一次不起訴処分及び議決において触れられている1万年から10万年に1回という確率は、6号機の数値であり、再捜査によって、今回の事故が起きた1号機から4号機の数値が上記のとおりであることが明らかとなった）。」（不起訴理由書5頁）

これは、東電を救うために無理矢理理屈を捜したものとしか言いようのない、くだらない議論である。原発は福島第一原発には合計6基あり、これをセットで安全性を確保しなければならない。5―6号機が助かったのは、たまたま定期検査中であったからに過ぎない。確率を各号機ごとに別々に考えることには何の根拠もない。1―6号機全体の事故に至る合計確率を求め、それが10万年から100万年に1回を超えるならば、対策をとることが原子力安全の水準として当然の考え方である。

なお、この点について被疑者武藤は、国会事故調へのヒアリングの中で、「100年に1回以下といった、炉の寿命スパンよりも頻度が低いような自然災害への対応には切迫性がないと判断していた。」と述べている。このような考え方は、原子力安全の基本を忘れた暴論であり、これに対して過失責任が問えないとすれば、次の重大事故は避けられないであろう。

> 「東電のリスクへの対応の特徴として、前述の耐震バックチェックについても同様であるが、シビアアクシデント（ＳＡ）対策や自然災害対策などの実施が極めて緩慢で、検討から対策まで5～10年といった長い時間をかけるという点が挙げられる。この理由について東電の武藤栄副社長（以下「武藤副社長」という）は「１００年に1回以下といった、炉の寿命スパンよりも頻度が低いような自然災害への対応については、切迫性がないと判断していた」と述べている。
>
> しかし、日本に存在する50基のプラントのおのおので、仮に１０００年に1度（／年・炉）の頻度で事故に至るようなリスクを放置するとすれば、日本中のどこかで事故が発生する確率は相応に高まる。そのような状態が10年間単位で放置されたとすれば、日本のどこかで事故が起こったとしても何ら不思議ではなく、このような緩慢なリスク対応の姿勢は、事業者として到底許されざるものである。」（国会事故調報告書　５・１・２（３）、４６０－４６1頁）

まさに、このとおりであるといわなければならない。この点に関する東京地検の不起訴理由は、中立人らの追及によってリングサイドに追い詰められた者の、論理ともいえない屁理屈であるといわざるをえない。検察審査会は、この屁理屈に正義の鉄槌を下すべきである。

（3）貞観地震に関する知見を考慮すれば、追加津波対策が必要であることは明らかであった

また、検察は貞観の地震に関して、想定が、１０ｍを超えていないことを根拠に、対策不要とした。

「震災前に、貞観地震に関する知見も進展しつつあったものの、震災前に可能性があるものとして仮定的に示されていた貞観地震の波源モデル（原注3）[37]は、震源域の広さやすべり量等の点で、本件地震の規模には及んでおらず、実際に、当時示されていた波源モデルに基づく福島第一原発における津波高の試算結果は、いずれの場所も10メートルに及んでいない。加えて、貞観地震については、専門家の間でも、これと同様の地震発生の現実性、切迫性が認識されていたとはいえず、その現実性、切迫性が認識されるべき状況にあったとも認め難く、貞観地震の知見を根拠に10メートル盤を大きく超える津波による浸水を予見すべきであったとは言えない。」（不起訴理由書5頁）

この原発の想定津波の高さは、当時5・7ｍであった。９ｍの既往最大の津波が堆積物の調査で裏付けられたのであれば、この値に1・5倍なり、2倍なりを乗じた津波に対する対策を講じなければならないはずである。

実は、この計算には、注記がついており、東電自らの手で、「不確実性の考慮のため、津波水位が2―3割高くなる可能性がある」と明記されていたのである。そうすれば、想定津波高さは12ｍ程度となり、10ｍを下回るから考慮しないという検察の根拠は崩れ去る。このような極めて重要な想定条件の問題点について、第二次不起訴理由はまったく言及していない。検察は知ってか知らずか、この点を無視しているのである。

そして、もう一度強調しておきたいことは、東電はこの９ｍの津波にすら何ら対応しなかったのである。９ｍの津波に対する対策を講じていたが、それが不十分で深刻な事故に発展したのではない。想定の6ｍを超えれば、さまざまな異常が生ずることは予め想定されていた。試算結果が、10ｍを僅かに1ｍ下回っているから、対策不要という考え方は原発の安全確保の立場からはあり得ない暴論である。

また、貞観の津波が「その現実性、切迫性が認識されるべき状況にあったとも認め難」いという点は、明らかに事実に反する。貞観地震の現実性とその切迫性は、これまでにるる引用した岡村意見、小林調書、森山メールなどから、明らかに認定できる。この点について我々は、委曲をつくして説明したが、不起訴決定は完全にこれを無視し、中立人らの主張に対して何の判断も示していない。検察審査会の正義の判断が望まれる。

（4）8メートルの津波で1―4号機は冠水することを示した国土庁津波浸水予測図

本書の校了直前の2015年4月に、このような検察の主張を根底から覆す新情報が、また『原発と大津波』の添田孝史氏から告訴団に届けられたので紹介する。

それは、1999年3月、国土庁、社団法人日本気象協会が作成した津波浸水予測図である。1999年の地域安全学会梗概集に掲載された「津波浸水予測図の作成とその活用」（国土庁防災局震災対策課　岡山和生、中辻剛著）によると、「国土庁では、気象庁・消防庁と共に、近年の津波に関する研究成果やコンピューターに関する技術の進歩を踏まえ、地震断層モデルと津波の挙動のシミュレーション技術を活用した津波浸水予測図作成手法を、「津波災害予測マニュアル」としてとりまとめた」という。そして、「全国沿岸を対象に作成された津波浸水予測図は、きめ細かな津波防災対策に資する

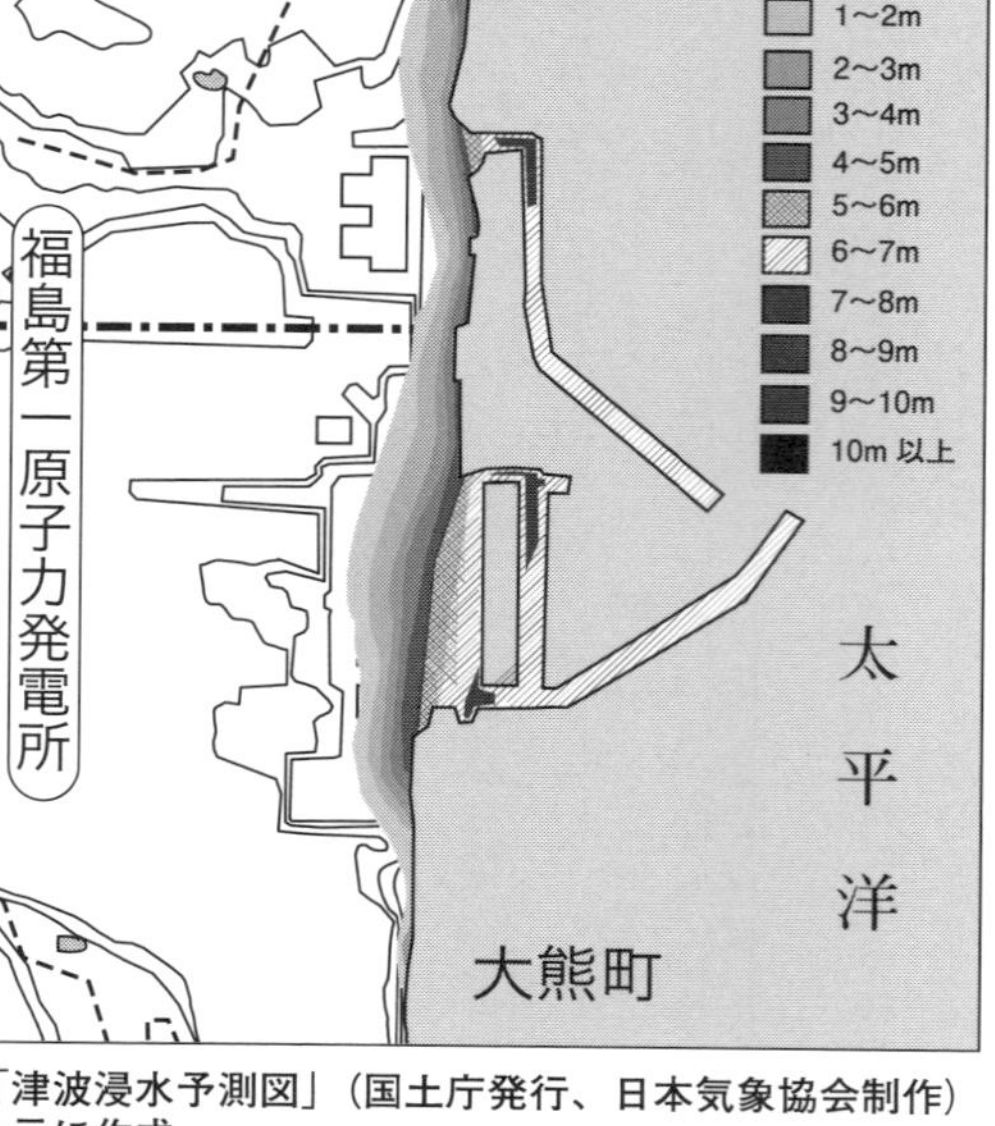

「津波浸水予測図」（国土庁発行、日本気象協会制作）を元に作成

ことを目的として、要望に応じて、地方公共団体その他防災機関へ提供する予定である。」「沿岸地域住民・沿岸を訪れる外来者向けの啓発・広報目的に、浸水予測図を加工し、避難路・避難場所等を書き加えた住民配布用浸水予測図を作成することも可能である。」などとしている。

福島県の津波浸水予測図は右に図示するとおりである。

添田氏は、この予測図を内閣府に対する情報公開によって入手したという。この予測図によれば、8mの設定波高で、遡上地域は福島第一原発の1号機から4号機までのほぼ全域が浸水している。5・6号機は水没していない。

7省庁手引きの波高は、福島第一原発で8・6mということは電事連資料で判明していたが、国土庁では、一般防災用に津波の遡上の様子をシミュレーションしていた。断層パラメーター等の詳しいことは現時点ではわからないが、7省庁手引きに従ったものと推定される。

前記の国土庁の学会発表は末尾で「我が国では、平成5年の北海道南西沖地震で約200名の犠牲者を出して以来、大きな津波災害は起こっていない。しかし、過去の例からも明らかなとおり、津波地震が繰り返し起きるのは必然である。我々は、津波災害の軽減のために、個々の地域沿岸において、地域の実情に応じたきめ細かな津波対策が推進されるよう、努力を惜しんではならない。」と述べている。

これまでの検察捜査では、10m盤を大きく超える津波が来なければ過酷事故にはならなかったという認識をもとにすべての論理が組み立てられていた。しかし、わずか8mの津波高で1―4号機の全域が浸水することが明らかになった。検察の不起訴判断の根拠は根底から崩れたといわなければならない。

(5) 土木学会は電力のいいなりであり、そこへの検討依頼は時間稼ぎであった

検察は、検審の議決が、「東京電力は、推本の予測について、容易に無視できないことを認識しつつ、何とか採用を回避したいという目論見があったといわざるを得ない。」としたことについて、

「東京電力は、最大の試算結果を把握した後、土木学会に対し、推本の当該評価に関する検討を委託しているところ、当該委託は、法令上の安全性が確保されていることを前提として、安全性の積み増し又はその信頼性の向上を図る目的でなされたものであったこと、その委託に平成２４年（２０１２年）３月23日という期限を定めるとともに、原子力発電所における津波評価技術の改訂を委託しており、これが改訂されればこれを踏まえた対策を講じる予定であったこと等からすれば、議決指摘のように推本の当該評価の「採用を回避したいという目論見があった」とまで認めることは困難である。」（不起訴理由書5頁）

と判断を示している。

これも、当時、一刻も早く耐震バックチェックを完了させなければならない状況にあったこと、土木学会「津波評価部会」の実情が電力会社の完全な言いなりであることを無視した机上の空論である。

２０００年11月３日の第６回会合に評価部会幹事団（10名中２名が東電社員、１名は東電子会社社員、３名は電力中央研究所員）は、数値誤差を見込まない安全率一倍とする基準を提案した（『原発と大津波　警告を葬った人々』35頁）。電力関係者が過半数を占める幹事会で、首藤、阿部両顧問の「倍半分」(38)を否定した基準を否定したものだ。この点に関して、２０１４年に9月に公開された今村文彦東北大学教授の政府事故調に対する聴取結果書には次の記載がある。

「Q：第6回の部会で、補正係数を1･0としてよいか議論してくれとコメントしたのは誰か」
「A：首藤先生。安全率は危機管理上重要。1以上必要との意識はあったが、具体的に例えば1．5にするのか、従来の土木構造物並びで3まで上げるのか、決められなかった。本当は議論しないといけなかったのだが、最後の時点での課題だったので、それぞれ持ち帰ったと言うことだと思う。」

まさに、科学的には安全率が1以上必要であることは明らかであったにもかかわらず、1・5にするか、3にするか決められず、1のままとなったという経緯は科学的な議論としては理解不可能である。委員の多数をしめる電力によって、科学者たちは黙り込まされてしまったと考えるほかない。

この基準について首藤氏は、「補正係数の値としては議論もあるかと思うが、現段階では、とりあえず1・0としておき、将来的に見直す余地を残しておきたい」と述べたとされる（『原発と大津波　警告を葬った人々』35頁）。首藤氏が約束した、このような見直しがなされることもないままに、我々は3・11を迎えたのであった。

そして、この土木学会手法[39]に従って、東電は2002年3月には福島第一原発で想定される津波高さを5・7mに見直し、これに合わせて6号機の非常用海水ポンプ電動機をわずか20センチかさ上げする工事を行った（『原発と大津波　警告を葬った人々』40頁）。まさに、アリバイ的な対策が講じられたのである。この馬鹿げた対策工事の経過そのものが、東電の「長期評価」つぶしの一環であったことがわかる。

土木学会手法の問題点は、そもそも電力関係者に支配された組織構成の下で、もとより公正な審査は望みようがないものであった。さらに、先に見たように、土木学会手法は福島沖のプレート境界地震を否定していること、安全率を全く考慮していないことなど、科学的にも著しく不合理なものであった。このような誤った手法が採用されたのは東電関係者などの電力関係者の工作によるものである。この手法に科学的合理性がないことは、工作者である電力関係者自身が十分認識していたはずである。

まさに、被疑者武藤と武黒は明らかに本件事故のような深刻な災害を予見し、その回避のために必要な対策とその予算についても具体的に検討しながら、その対策に要するコストと時間、そして一定期間の運転休止を見込まなければならないという事態のなかで、自社の利益のために問題を先送りし、みずからの配下ともいうべき土木学会「津波評価部会」に時間かせぎのために検討を委ねたのである。これは、対策をサボタージュするための故意にも近い極めて重大かつ明白な過失である。

検察の結果回避可能性についての不起訴理由への反論

(1) シミュレーションにしたがって南側に防潮堤を築いても事故は回避できなかったという空論

検察の奇妙な論理は次々に発展していく。津波がシミュレーションと異なり、東側から来たことを前提に、検察は、次のように論ずる。

> 「上記推本の当該評価に基づくO・P・+15・7メートルとの最大の試算結果に対応する措置としては、試算結果で津波が遡上することとされていた敷地南側に防潮堤を建設することが考えられる。
> これに対し、本件津波は、前記のとおり、敷地東側の長さ約1・5キロメートルの海岸線から、全面的に敷地に越流したのであるから、仮に事前になされていた最大の試算結果に対応して越流する敷地南側に防潮堤を建設したとしても、本件津波は防潮堤のない敷地東側の海岸線から越流することとなり、本件津波の襲来に際し、その浸水を阻止し、結果を回避できたとは認められない。」(不起訴理由書6頁)

この奇妙な論理は、簡単に説明すれば、事前のシミュレーションでは南側から高い津波が来ることになっていたから、防潮堤も南側に築くことになったはずで、実際の津波は東側から来たので、南側の防潮堤だけでは被害は防ぐことができなかったというのである。

しかし、この理屈は東電内部で2008年6月に現実に検討されていた津波対策案を検討するだけで、意味のないことが分かる。一度目の2013年9月の不起訴決定の際の福島地検での説明会で我々が捜査担当の杉山主任検事に確認したところによると、東電内に南側だけO・P・+15・7mに防潮堤を作るというような計画があったわけではないことが明らかになっている。

津波がどちらから来るかは、高さ以上に来てみなければわからないことであり、防潮堤を作るとすれば、海と敷地の間に南北に築く計画になったはずである。試算結果は高さにこそ意味があるのであり、津波による敷地の冠水を防ぐためには、一定の方角だけに防潮堤を築くのでは不十分であり、敷地と海の境界全体に防潮堤を築かなければ有効な対策にはなり得ない。検察官の述べていることはまさに空論と言うほかない。

(2) 事故後に規制当局によってとられた対策は無効だとする検察の理論

検察は、浸水を前提とした措置をとっていても、事故は防ぐことはできなかった、または間に合わなかったとする。

> 「議決が指摘する浸水を前提とした対策(ア)蓄電池や分電盤を移設し、HPCI(高圧注水系)やSR弁にケーブルで、接続すること、及び、(イ)小型発電機、可搬式コンプレッサー等を高台に置く等の措置)を講じておくことが一応考えられる。」
>
> 「しかし、津波に関しては、詳細な指針等が定められていた地震動と異なり、独立した審査指針等はなく、地震の随伴事象として抽象的な基準が示されていたにすぎず、いまだその手法が確立された状況になかったことなどが認められる。
>
> 事故の結果を回避できるような浸水を前提とした対策(前記(ア)及び(イ)の措置)を講じておく必要性が一般に認識されていたとは認められない。
>
> 浸水を前提とした対策をとることが、津波への確実かつ有効な対策として認識・実行され得たとは認め難い。
>
> 本件結果を回避できる措置としては、本件津波が越流した敷地東側に防潮堤を建設することも考えられるが、その措置を講じるには3年7か月以上を要したものと認められ、防潮堤についても、本件地震・津波の発生までに対策を了しておくことができたとは認め難い。」(不起訴理由書6頁)

これも、現実を無視した空論である。本来であれば、２００８年の段階で東電が立てた津波対策計画に基づく工事を前提に、このような対策がなされていたとして、事故がどのように進展していたかを議論するべきである。東電が立てていた対策は、事故の結果を変えた可能性がある。そのことは、津波対策の追加工事が実施され事故を未然に防いだ女川原発や東海第2原発の例を見れば、一目瞭然である。そして、事故の結果を少しでも軽減することが可能であったとすれば、対策をとらなかったことと事故の深刻な結果とは因果関係があり、実際に発生した事故の結果に関しては、東電の対策は回避可能性をもっていたこととなる。

（3）すぐできた対策も事故対策としては無力だと無理矢理こじつける検察

また、検察は、事故前に確実に可能であった時間のかからない対策も、事故の結果を変えなかったという推測を述べて、結果は回避できなかったという。このニヒリズムは、原子力は結局どんな対策をとっても、自然災害の前には無力だと述べていることにもなり、原発の再稼働は認められないという結論につながりそうなものである。

さらに検察は次のようにも反論している。

「議決が指摘する「長期間を要しない安全対策（電源車や電源盤を搭載した自動車、可搬式コンプレッサー等を高台に移設するなどの方策）」についても検討した。仮に電源車や電源盤を搭載した自動車を高台に配備していたとしても、津波襲来後にがれきを撤去し、これらの電源車、電源盤を建屋付近に移動し、ＨＰＣＩ等とケーブルで接続する等の作業を行う必要があるところ、津波到達から数時間後には1号機で炉心損傷が開始していることから、早期に上記作業を終了させてＨＰＣＩ等の機器を稼働させることができたと認めることは困難であり、「長期間を要しない安全対策」によって、事故を避けることができたとは認め難い。」[40]

「議決が指摘する「建屋の水密化」についても検討したが、仮に防潮堤がなければ、津波の越流に伴い、敷地上の車両やタンク等大きな構造物が漂流物として流されて（本件津波でも実際に確認された）、建屋に衝突し、水密化が維持されないことも想定される上、仮に、推本の当該評価に基づく試算結果にしたがって建屋を水密化したとしても、上記のとおり、今回の津波の浸水深は、試算結果を大きく上回っており、建屋の水密化によっても、事故を回避できたと認めることは困難である。」

「震災前に10メートル盤を大きく超える津波の襲来を予測すべき知見があったとはいえないこと、そこまでの規模に至らないものも含めても、切迫した時期に津波が来る可能性を示す情報や知見もなかったこと、法令上の安全性の確保を前提に原子力発電所が稼働していたことからすると、あらかじめ原子力発電所を停止するべきであったとは認められない。」（不起訴理由書7頁）

1号機以外の原子炉は数日間はメルトダウンに至らず、持ちこたえたのである。1号機でも非常用復水器（ＩＣ）を稼働させていれば、炉心損傷開始までの時間はもっと長く持ちこたえられたはずだ。被害者らを苦しめている放射性物質の大半は、事故４日後の３月15日以降に２号機などから放出されたものである。

これらの対策は、事故後に採用されているものであり、事故の結果をかなりの程度軽減することが可能であったと考えられる。とすれば、対策をとらなかったことと事故の深刻な結果との間には因果関係があり、追加で発生した事故の結果に関しては、東電の対策は回避可能性をもっていたこととなる。

（４）事故の結果が完全に回避できたことを求める検察の論理の誤り

第二次不起訴の不起訴理由説明会において、佐藤主任検察官は、事故の対策によって結果が完全に回避されたことが過失責任を問うために必要であると力説した。

2015年2月3日に実施された東京地検検察官による不起訴理由説明会において、佐藤主任検察官は、「福島の住民の被害に深く同情する、東電の役員が津波災害を予見し、対策を講じようとしながら、これらの措置を先送りしたことが間違っていたことは、半ば認めながら、検察官としては、当該対策を講じていれば、確実に結果を回避できたことを論証しなければならず、そのことが、最大の起訴の障害であった。」と締めくくった。

検察審査会の委員に対する説明においても、この点を強く強調されるであろうことが予測される。この論理について、申立人としての意見を述べておきたい。

原発と海の間をふさぐ防潮堤を築いていれば、事故は確実に防ぐことができた。このことは争いようがない。2008年、2009年から防潮壁を建造していれば、事故までに間に合ったことは、浜岡原発において事故後に1年足らずの間に高さ18mの防潮堤が建造されたことからも裏付けられる。許認可の時間までを入れて防潮堤を作るのに3年7カ月を要する検察の見解はおかしい。許認可がなくても、防潮堤の築造は可能であることは事故後になんらの許認可なく中部電力が浜岡原発で工事を実施していることからも裏付けられる。

それ以外の電源の移設と強化、水密化、可搬設備の導入などの措置は、現実に有効性が認められ、事故後の対策措置として導入がなされている。

東電によってこのような措置の一部が導入されて、それが足りずに極めて深刻な事故となったわけではない。何の措置も講じられてはいなかったのである。これらの措置が講じられていれば、事故の深刻化、拡大の防止に役立ったことは明らかである。だとすれば、被害者を苦しませている放射能汚染のレベルにも少なからぬ違いが生じたであろう。

過失犯は未来を予測し、それが一定の対策を講じていれば、別の結果になったことが明らかであれば、責任を問うことができる。刑事責任を問うために、事故の結果を完全に防ぐことまでを求めると、複雑な重大事故の場合、ほとんど不可能な立証を要求することとなり、刑事責任の追及は不可能となる。こんな不条理は正義に反する。

これまでの検察捜査においても、予見可能性があり、具体的な対策によって事故の結果が異なったであろうことがほぼ確実に論証できるならば、過失責任を認めてきた。

検察審査会による強制起訴を求める

（1） 被疑者らの嫌疑はますます濃厚となっている

「以上のとおり、東京電力の役員らに刑罰を科すかどうかという刑法上の過失犯成否の観点からみた場合、本件事故について予見可能性、結果回避可能性及びこれらに基づく注意義務を認めることはできず、犯罪の嫌疑は不十分である。」（不起訴理由書7頁）

我々は、犯罪の嫌疑は、検察審査会の決定がなされた２０１４年7月当時に比べても、格段に濃厚となったと考える。

（2） 私たちは、絶対にあきらめない

私たちは、1月13日には、福島原発告訴団第二次津波告訴（２０１５年告訴）をおこなった。

添田氏の『原発と大津波　警告を葬った人々』と政府事故調の調書の一部公開という援軍を得て、津波対策を組織的にサボタージュしていた東電と保安院の恐ろしい結託と裏切りの闇の実態が暴かれてきた。新たに東電や経済産業省旧原子力安全・保安院、電事連、原子力安全委員会の当時の幹部らについて追加告訴したのである。

告訴団の武藤さんは記者会見で「政府の事故調査委員会の調書が公開されるなど、新たな証拠が次々と出てきている。検察はきちんと調べて真実を明らかにしてほしい」と話している。この第二次告訴も受理され、東京地検によってあらたな捜査が行われるはずであったが、4月3日には早くも不起訴とされたことは前述した。

（3）刑事裁判の公開法廷で原発事故の原因と責任を議論するため、強制起訴を求める

私たちは、必ず、刑事裁判の公開法廷で原発事故の原因と責任が議論されることを望んでいる。このことは、福島原発事故の被害をうけた福島県民の総意であるとともに、多くの福島に心をよせる市民の願いでもある。強制起訴[41]では検察官役は弁護士が務める。検察官役を務める弁護士を支える体制の強化が次の大きな課題となってくるであろう。東電役員の被疑者武藤、武黒、勝俣の強制起訴を、検察審査会の委員を務める市民の正義の声によって必ず実現していただきたい。この裁判の法廷は、福島原発事故とは何だったのか、なぜ起きたのか、これを防ぐことはできなかったのか、原発の再稼働を認めたときには次の事故は避けられるのかといった、日本国民にとって決定的とも言える問いについて、答えを見つけていくかけがえのない場となるだろう。

【注】

（1）渡辺満久ほか「福島第一原発を襲った津波の高さについての疑問」（『科学』81、2011年、842—845頁）

（2）地震調査研究推進本部は、政府の機関で、阪神淡路大震災を受け、1995年7月、全国にわたる総合的な地震防災対策を推進するため、地震防災対策特別措置法が議員立法によって制定され、同法によって本部が設置された。地震防災対策の強化、特に地震による被害の軽減に資する地震調査研究の推進をその役割としている。本部長（文部科学大臣）と本部員（関係府省の事務次官等）から構成され、その下に関係機関の職員及び学識経験者から構成される政策委員会と地震調査委員会が設置されている。

（3）地震のときに発生する揺れ。

（4）原子力規制委員会ができる前に、経済産業省に置かれた原子力安全保安院と並んで、原子力安全行政を担当した委員会。内閣府に置かれ、安全指針や保安院による審査のダブルチェックなどを担当した。

（5）2006年に新たに作られた耐震設計審査指針に基づいて、全国の原発について耐震性があるかどうかをチェックするための作業が行われた。しかし、この作業によって安全が確保されることが確認される前であっても、原発の運転継続が認められるという不十分な体制が取られた。新潟県では、泉田知事の指示によって耐震バックチェックが完了しない限り再稼働は認められないという

対応をとっていた。

（6）新耐震設計審査指針に基づいて耐震バックチェックの作業を行っていた総合資源エネルギー調査会原子力安全・保安部会　耐震・構造設計小委員会　地震・津波、地質・地盤合同ＷＧのこと。

（7）貞観地震は、平安時代前期の貞観11年5月26日（グレゴリオ暦８６９年7月13日）に、陸奥国東方沖（日本海溝付近）の海底を震源域として発生したと推定されている巨大地震である。地震の大きさはマグニチュード８・３以上であったとされる。地震に伴って発生した津波による被害は福島県浪江町付近にも及んでいた。「東北地方太平洋沖地震」は、この地震よりもさらに規模が大きいが、その再来ではないかと言われている。

（8）島崎邦彦「東北地方太平沖地震に関連した地震発生　長期予測と津波防災対策」（「地震」第65巻（２０１２））１３０頁。

（9）前掲島崎１２９頁。

（10）平成４年（１９９２年）10月29日　民集46巻7号１１７４頁。

（11）「東京電力福島原子力発電所における事故調査・検証委員会　中間報告」（以下、「政府事故調中間報告書」という）４９０頁。

（12）国会事故調報告書、92頁の注86参照。

（13）国会事故調報告書、92頁の注93参照。

（14）福島地検における説明会。

（15）東京地検は、証拠の詳しい詳細までは言えないが、専門家の中には、中央防災会議の意見が正しいという専門家もいると説明した。原子力ムラの専門家たちは、過小評価の共犯者たちであり、このような専門家たちの意見に依拠した検察庁自身が原子力ムラの虜となったと評されてもやむを得ないであろう。

（16）柳田邦男「原発事故　失敗の本質　圧殺された警告」文芸春秋２０１２年5月号３０８―３０９頁）。

（17）脱原発福島ネットワーク『アサツユ』２００５年6月10日。

（18）東電ＨＰ http：//www.tepco.co.jp/fukushima1-np/cb4001-j.html にはこのモニター制度の説明が掲載されている。

（19）この陳述内容は、弁護団から東京地検に証拠として提出されている。

（20）Sakai et al.(2006)」（「マイアミ報告書」）。

（21）２０１２年５月16日共同通信配信記事。
（22）「発電用軽水型原子炉施設の性能目標について――安全目標案に対応する性能目標について」（平成18年３月28、日原子力安全委員会安全目標専門部会）。
（23）島崎前掲１３０頁。
（24）地盤の支持力などの局部的な強度不足に伴って生じる構造物などの不均一な沈下のこと。
（25）基準地震動Ｓ１は設計用最強地震による地震動であり、旧指針では、「歴史的資料から過去において敷地またはその近傍に影響を与えたと考えられる地震が再び起こり、敷地およびその周辺に同様の影響を与えるおそれのある地震および近い将来敷地に影響を与えるおそれのある活動度の高い活断層による地震のうちから最も影響の大きいものを想定する」と定義されていた。基準地震動Ｓ２は設計用限界地震による地震動であり、旧指針では、「地震学的見地に立脚し設計用最強地震を上回る地震について、過去の地震の発生状況、敷地周辺の活断層の性質および地震地体構造に基づき工学的見地からの検討に加え、最も影響の大きいものを想定する」と定義されていた。
（26）マグニチュードは地震の規模を表す単位。ガルは人や建物にかかる瞬間的な加速度を表す。
（27）Ｓｓとは新耐震設計審査指針において、施設の耐震設計において基準とする地震動のこと。「敷地周辺の地質・地質構造並びに地震活動性等の地震学および地震工学的見地から、施設の供用期間中に極めてまれではあるが発生する可能性があり、施設に大きな影響を与えるおそれがあると想定することが適切な地震動」と定義されている。
（28）朝日新聞「プロメテウスの罠」によると、この幹部は武藤栄氏。
（29）２０１１年11月26日放送のＴＢＳ『報道特集』「元東電社員の告白」。
（30）政府事故調中間報告書、４３９頁。
（31）政府事故調中間報告書、３９６頁。
（32）前同。
（33）土木学会の原子力土木委員会津波評価部会が２００２年に策定した「原子力発電所の津波評価技術」のこと。
（34）たとえば、平成18年４月６日付原子力安全委員会安全目標専門部会「発電用軽水型原子炉施設の性能目標について」では、条件付死亡確率を基にしたCFF（格納容器機能喪失頻度）に対する確率の指標値を10のマイナス5乗／年程度と算出している。超過確率10のマイナス5乗／年は、原子力安全の分野では、当然に考慮しなければならないレベルのリスクである。

(35) 2013年9月13日東京地検における不起訴理由説明会における杉山主任検察官の説明。

(36) 確率の理論を応用して、事象の発生頻度、安全性やリスク等を定量的に把握し、評価する手法。

(37) 地震の規模やすべり量などのデータで、これにより津波高さの数値シミュレーションが可能となる。

(38) 2分の1から2倍までの安全余裕をみた基準のこと。

(39) 福島沖の大地震を想定せず、安全余裕も見込まない津波評価手法。

(40) 高圧注入系の非常用炉心冷却装置。

(41) 検察審査会の起訴相当議決に基づいて、検察官役の弁護士が検察官に代わって行う起訴のこと。

〈コラム〉津波対策に関する情報の隠蔽と告訴団の闘い

武藤類子（福島原発告訴団団長）

東京地検による再度の不起訴処分に対し、大変憤りを感じています。

7省庁や推本など、国の機関が福島沖の大津波を想定するよう発表しており、東電は貞観型の津波が敷地を超える可能性があり、対策が必要だという認識を持っていたことが明らかになっています。

重要設備の高台設置や建屋の水密化をしても浸水被害を防げないとしていますが、浸水をしても冷温停止にこぎつけるだけの対策がされていれば、被害は最小限に抑えることができました。何も対策を取らなかったことの責任が問われなくてよいのでしょうか。

どこまでを予見できたとするか、被害を回避できたかどうかを、地検の密室の中の判断に任せてよいのでしょうか。公開の裁判の中で判断されるべきではないでしょうか。地検は一度目の不起訴処分の説明の際も、「東電は捜査に協力的だったから強制捜査をしなかった」と答えるなど、被害者に向き合わず、加害者の方を向いています。

検察審査会の起訴相当の議決は国民の意思を表しています。その議決を検察は無視したことになります。再度、検察審査会の判断に期待します。検察行政のチェックを市民が行います。市民による検察審査会の良識を信じています。

この事故の責任がきちんと司法の場で問われることを、被害者は心から望んでいます。

２０１５年1月22日

第5章　（対談）朝日新聞「吉田調書」報道をめぐるＰＲＣ見解への疑問

海渡雄一（弁護士）×柴田鉄治（元朝日新聞論説委員、『マスコミ市民』編集委員）

朝日新聞は、２０１４年5月20日付け朝刊で「所員の9割にあたる６５０人が、第一原発で待機命令を出した。吉田所長の指示に反し、10キロ離れた第二原発に撤退した」と報じた。この記事に関して、朝日新聞社は「命令に違反撤退」という見出しと記述は所員が第1原発から逃げ出したような印象を読者に与える間違った表現だとして、記事を取り消し関係者6名の処分を決めた。

その後、同記事に関する作成過程や報道内容について、朝日新聞の第三者機関である「報道と人権委員会（ＰＲＣ）」（長谷部恭男早稲田大学教授など3名）に見解を示すよう求める申し立てをおこなった。ＰＲＣは、２０１４年11月12日に「読者の視点への想像力と公正で正確な報道を目指す姿勢に欠ける点があった」として、「記事を取り消したことは妥当」とする見解をまとめた。それを受けて朝日新聞社は、11月28日に記事を出稿した記者や編集幹部など6人に停職や減給などの処分をおこなった。

一方、ＰＲＣの「見解」が示された5日後の11月17日、海渡弁護士は参議院会館で記者会見を行い、「吉田調書報道は誤報ではない」とＰＲＣ見解を批判し、12月には記者会見での批判内容をさらに補強する文書を公表した。そこで本誌編集部は、吉田調書報道と朝日新聞社の謝罪は何であったのかを探るため、海渡弁護士を直撃しお話を伺った。

慰安婦報道も含めた一連の朝日新聞の姿勢は、右翼メディアや権力側と闘うことなく妥協した、ジャーナリズムとしてあってはならない実に不甲斐ない「オウンゴール」だと言わざるを得ない。海渡弁護士の的を射た指摘に対して、権力と一体となり「朝日叩き」に血眼になった読売、産経や週刊誌各誌などからの反論を期待してやまない。聞き手は、元朝日新聞論説委員で本誌編集委員の柴田鉄治氏。

朝日は「柏崎刈羽メモ」を公にしなかった

柴田　ＰＲＣが出された見解に対して、海渡さんはすぐに記者会見を開いて批判されましたね。とても素早い動きに驚きました。

海渡　僕の周りでも、あまり読みもせずに朝日新聞が誤報だと言っているから誤報に決まってると言う人がいました。しっかり読んでから判断してほしいということで、少しムキになって書いたところもあるのです（笑）。朝日はＰＲＣの見解を3面くらい使って書いていましたので、僕はそれを一所懸命に読みました。すると、「これはどこかおかしいのではないか」と感じ、直ぐに批判しないといけないと思ったのです。ですから、みんなＰＲＣが教えてくれたようなものです。

柴田　そうだったのですか。

海渡　11月29日の朝日の論調を見ると、「最後まで吉田所長の指示を聞いていなかった人もいたのに、命令違反というのはおかしい」と言っているのです。原発事故当時、あの緊急事態のなかで、テレビ会議を通じて所長は指示を発していました。それを皆が固唾を飲んで見守っていたことは、「柏崎刈羽メモ」を見ればよく分かります。

柴田　柏崎刈羽原発の東電所員が、テレビ会議を通じて交わされたやり取りを記録していたのですね。

海渡　そのメモを見ますと、6時24分に「メルトの可能性」と書かれています。6時30分には「一旦退避してからパラメーターを確認する」、6時33分には「必要な人間を班長が指名する」、そして42分には「構内の線量の低いエリアで退避すること。その後本部で異常がないことが確認できたら戻ってきてもらう」となっています。ですから福島第2原発（以下2Fと表示）に行けという指示ではありません。これらはすべて吉田所長が言ったという意味で括弧付きで「（所長）」と書かれていますので、吉田所長の指示であることは明らかです。

柴田　明らかにそうですね。また海渡さんの指摘で興味をもったのは、8時半の記者会見でその事実を隠していたということです。それが東電らしいといえばそうなのですが、いかにも杜撰ですね。

海渡　そうなのです。3月15日の8時35分から行われた記者会見で配られた資料を見てください。その中に「同作業に直接関わりのない協力企業作業員および当社職員を一時的に同発電所（これは第一原発のことです）の安全な場所に移動を開始しました」と書いてあります。ニコニコ動画にすべて残っていたのを見ましたが、一言も「第二へ行った」とは言ってないのです。7時半頃には2Fに着いているはずなのですが。

柴田　時間的にはそうですね。

海渡　記者会見を開いたのはその1時間後なのに、2Fに行っているのをひた隠しにして、1Fの中にいるという記者会見をしているのです。吉田さんが言った通りに行動しなければいけないのに、そうならなかった事実を隠すのが東電の方針だったのです。こんな明白な証拠はないですね。

柴田　この記事に関して、朝日新聞は東電に謝ると言っているのですよね。東電が事故を起こして、東電が嘘をついたのです。あれだけの迷惑をかけたことに対して東電が謝るのが当たり前なのに、朝日があの記事について東電に謝るというのはどうかしています。昔いた会社を悪くは言いたくはないけれど、それが率直な印象です。でも、こういう指摘を外部の人が言ってくださったのが本当に嬉しいのです。内部で言っても見解の違いみたいな話になってしまうので、客観的に言える外の人がいるというのは非常に大きいことですね。

海渡　そう言って頂けるとありがたいです。僕は、朝日のこの報道に関して岩波の『世界』11月号に書いたのですが（「日本はあの時破滅の淵に瀕していた：朝日新聞バッシングがもたらす物言えぬ社会」特集メディア・バッシングの陥穽『世界』２０１４年11月号）、正直に言いますと、その時点ではこの資料に示した事実は知らなかったのです。それまでにわかっていた、枝野さんなどから聞き取った事故調の調書などを見て書いたのです。当時、混乱も起きていましたし、待機の指示といってもそれがどこまで本当に「指示」という形態であったのか、あの調書だけでは読み取りにくいのです。少し曖昧なところが残るようにも感じましたので、あの段階では「誤報とまでは言えないのではないか」といった書き方をしたのです。ところがその後、強い関心をもって調べていったら、驚いたことにＰＲＣの見解の中にこういうことが書かれているのを発見したのです。

「（1）柏崎刈羽メモが、6時42分の欄に『構内の線量の低いエリアで退避すること。その後本部で異常でないことを確認できたら戻ってきてもらう』との吉田氏の発言を記録していること（2）東電本店が午前8時35分の記者会見で『一時的に福島第一原子力発電所の安全な場所などへ移動開始しました』と発表していることなどから、「近辺」か「構内」かの相違はあるが、裏付けられる」と書いてあります。ですから、待機の指示はあったというのがＰＲＣの見解です。こんな重要なことが、見解の中でここにしか書かれていないのです。ＰＲＣも柏崎刈羽メモを無視できなかったのでしょう。

そもそも、柏崎刈羽メモは公になってなかったと思います。そういうメモがあるというのは何度か聞いたことはありますが、現物なるものは見たことはありませんでした。

柴田　私も見たことはありませんでした。ただ、「我々には補強材料がある」という話を聞いたことはあります。ですからデスクや記者たちは、補強する資料があるのだから続報に書かせてくれ、と言っていたらしいのです。しかし、社が彼らを抑えていたのですね。

海渡　記者たちが持っていたのなら、朝日は柏崎刈羽メモを進んで出せばよかったのです。ＰＲＣの見解を読めば、記者の皆さんが続報を書きたいと言っていた気持ちがよくわかります。それを書かせなかったのは非常に問題ですね。そして、朝日から出ずにＰＲＣからでてきたというのは、もう勘弁してほしいという感じです。（笑）ＰＲＣの見解は何万字も書かれていますが、そこに社内で記事が作られていく経過は書いてはあっても、誤報と言えるかどうかという根本的なところを深く検討しているところはありません。指示があったことは裏付けられるというのですから、「誤報ではない」ということですよね。指示として曖昧だったのではないかというけれど、明確な文章になって残っているのですから全然曖昧ではありません。こんな明らかなことが、どうして言論機関である朝日新聞社の中で通用しないのか、非常に不思議です。

3月15日8時35分の記者会見がキーワード

柴田　私は、国会事故調での皆の証言を聞きに行きました。事故当時、清水社長が「全員撤退と言った覚えはない」と言った証言と、「全面撤退と受け取った」という海江田さんや枝野さんの話を聞いて、どっちが正しいかを自分の目で観察しに行きました。私は、明らかに清水社長が嘘をついているという印象をもちました。そして、「全面撤退」と言ったのを菅さんが聞いて、清水社長を呼びつけます。

海渡　そのとき、みんな社長がどう答えるかって固唾を飲んで聞いていました。菅さんが「撤退はあり得ませんから」と言ったら、清水社長は「撤退など考えていませんでした」と言ったというのが東電側の主張です。しかし、そこにいた人たちは「はいわかりました」と言ったと、一致しているのです。

柴田　両者のどっちかが嘘ついているのですが、その嘘のつき方は素人が見ていてもわかります。首相補佐官の福山さんの本によると、10人くらいの中に清水社長が入ってきたと書いてありますので、たくさんの証人もいるのです。

海渡　当時、東電の本社の方は全員撤退させる方針で、吉田さんたちも残さない計画だったと思うのです。しかし吉田さんは、「自分はどうなっても最後まで残る」と言っていました。また菅さんも「絶対撤退させない」と言っているので、吉田さんはそれに励まされていた部分もあるのではないかと感じています。

柴田　清水社長は、吉田さんが頑張っているので「これ幸い」とそれに乗ったのです。ですから、「考えてもいなかった」という言い方は、かなり卑怯だと思います。

海渡　テレビ会議の中では、「みんな2Fに行く」といった発言が飛び交っているのです。14日の夜の段階で、「全員撤退」という話は出ていたのですが、吉田さん自身は最後まで残り、そして誰を残すべきかを最後まで考えていたのです。菅さんが「撤退はあり得ない」と大演説した後、爆発が起きます。当初は皆2号機が爆発したと思ったのですが実際は4号機でした。皆が2号機だと思った時点で、「もうどうしようもない」となって退避の行動が始まるのですが、そこで吉田さんが「ちょっと待て」と考えたのです。線量がそれほど上がってきていないようだから、爆発したのは2号機じゃないかもしれない。とにかく線量を確認して、近くに退避していて、線量が低いようなら戻って来いと言って、そこで2F撤退の方針を修正しようとしているのです。でも修正しきれなくて、当初から社長たちが考えていたことが実行されてしまったのです。

ここから先は僕の推測ですが、1Fの中に「とにかく退避させてくれ。このままでは死んじゃうから、全員退避の命令を出してくれ」と、社長に言っていた人間がいたのではないかと思うのです。推測の域は出ませんが、それに応えてそういう動きをされたのではないかと思います。

柴田 おそらくそうでしょうね。でも、部下を死なせたくないということは、恥ずかしいことではないのです。社長としては当然の考えなのに、なぜ後になって「考えてもいなかった」と否定するのか、私にはわかりません。「そのときまでは部下を死なせたくなかったから全員撤退と思ったけれど、菅さんにも言われたし、吉田さんは頑張ると言っているので、では頑張ってもらおうとなった」と言えばよかったのです。

海渡 そうですよね。とにかく、これだけのことが起きているのに嘘が酷すぎます。そして、15日の朝8時35分からの記者会見は非常に不思議な感じで、もう土下座に近いのです。事故の後も全然頭下げなかった東電の人間が、深々と頭を下げているのです。おそらく、自分たちはどうしようもなくなったということでしょう。それに記者たちが気づいて、やり取りの中では「今までと対応が違うではないか。もう制御できなくなったということなのか」といった言葉が飛び交ったのです。実際に、この会見は後から考えると「もう自分たちは原発のコントロールが不可能になりました。お手上げです」ということを言わんがためにやっていたようなものです。

しかし、その会見の中でも、ほぼ全員の650名が2Fに行ったということは言わないのです。

柴田 東電の嘘っていうのは、最初から最後まで続いているのですね。

海渡 今回の件が、どこでこんな変な話になっていったのか、僕はこの間ずっと考えています。元々、吉田さんは東電の幹部たちに対する反発がものすごく強かったと思います。直後の調書を読むと、「本店の奴ら」といった意識を感じます。その間に、菅さんが首相を辞めさせられているということもあるのかもしれませんが、なぜだかわからないけれども、秋頃になると菅さんの悪口をバンバン言うようになるのです。

柴田 何だか、一斉に民主党政権のせいにしようという大きな流れになっていきましたね。

海渡 そういうふうに話をまとめようとしたのかもしれません。そして、その尻馬に乗ったのが『死の淵を見た男吉田昌郎と福島第一原発の500日』（PHP研究所）を書いた門田隆将さんですね。

柴田 あれはもう吉田さんを英雄視する書き方ですから。彼が吉田さんを持ち上げるのは勝手ですが、それと同時に「東電も」という形にしてしまっては、それは違うと思います。

海渡 不思議なことに、僕がこのような見解を公表したら、産経新聞や読売新聞が反論して轟々たる非難が巻き起こるかと思ったら、何もないのです。僕は、朝日新聞の報道を誤報ではないって言っているのですから、誤報だと言っている読売新聞と産経新聞からは何らかの反論があってもいいのですが、もう死の沈黙になっています。朝日新聞自体が撤回したのだからもううちは関係ない、ということでしょうか。

柴田 まあそうなのでしょうが、『マスコミ市民』くらいしか頑張るところがないというのは寂しいことです。

海渡 この状況の中で書いていただけるのは嬉しいです。まさに朝日新聞は自主規制しているのです。国家権力から潰されそうになって「ここはお詫びしますから何とか」と、命乞いしているみたいな感じがするのです。非常に危険なメディアの状況です。

柴田 その間違いに朝日はまだ気がついていないみたいだから困るのです。先日、朝日のOBがたくさん集まった会合で、記事を取り消した問題についての感想を聞いてみたのです。すると、OBの会合では皆が皆「記事を取り消す必要はない」というのですが、現役の人は首をひねって「あの記事はまずかった」と言うのです。やはり会社組織の勁《つよ》さというのか、現役の人たちが非常に強く会社の影響を受けているような気がします。ただ、池上問題については下が猛反発したのです。少しは中の声が広がり出したという気はしているのですが、まだ上に従順な人が多いと思います。悪い言い方かもしれませんが、サムライが減ってきたのでしょうね。

海渡　やはり調書だけを読んであの記事を読むと、トーンが違うと思ってしまいます。そこで思考をストップさせてしまうのですね。

柴田　あれだけきちんと「2Fへ行けと言ったのではない」と言っていますよね。「必要な人にはあとから2Fから帰ってもらった」と言っているのですから、つまり必要な人も2Fへ行ってしまったということです。そのことだけでも大筋は違ってないのです。

海渡　そのとおりです。保安院宛てに出した3つのFAXを見ると大混乱が起きていることがわかります。6時台に送られているFAXには、「準備ができ次第、作業に必要な要員を残し、念のために対策要員の一部が一時避難いたします」と書いてあります。これが、「2Fへの撤退の方針」から「待避の方針」へと変更された、吉田さんの新しい指示だと思うのです。消されている個所には、「対策本部を2Fに移します」と書かれているのです。

6時台には一時的に退避しただけで、7時に送ったものでは「先ほどの退避については、念のため監視、作業に必要な要員を除き、一次《ママ》待避することに内容を訂正したします」とあり、7時の段階では待避となっていて、1Fにとどまることが明らかです。ところが、7時25分になると、「対策本部を福島第二に移すこととし、避難いたします」になっています。吉田さんが追認したのです。2Fにいっちゃったものは仕方ないので対策本部を2Fに移したと保安院には報告しているのですが、対策本部が2Fに移されたということはどこにも公にはされていません。だけども、保安院には嘘をつけなかったのでしょう。「もう皆2Fに行っちゃったよ」というFAXを流していますが、この1時間後の記者会見ではその事実を隠しているのです。

柴田　8時35分の記者会見というのがひとつのキーワードですね。

海渡　これは公開資料で、保安院のホームページにあったのです。柏崎刈羽メモと記者会見の時の配布資料と保安院に送ったファックス、この3つすべてに吉田さんの指示が明確に出ています。こんなに明確なのに、あのPRC見解は不思議としか言いようがありません。

記事の取り消しは、ねつ造・虚報のとき

柴田　従軍慰安婦問題がなかったら、こんな「吉田調書」の記事取り消し問題はなかったと思うのです。一種の道連れにしてしまったという感じですね。従軍慰安婦でのバッシングは、朝日新聞の記事で日本が貶められたっていう論理です。そこへもってきて、東電の人が皆逃げたと朝日が貶めたという、同じトーンで出てきました。これは私の想像ですが、それらをまとめて謝ってしまえ、という感じになったのかと思います。

海渡　自分の命が危ないから逃げるというのは恥ずかしいことではないということを明確にすべきだと思うのです。こういう状況になった時に命を捨てる覚悟がなければ労働できないような環境を作ってしまったところに、原発事故の本質があるのです。

柴田　それは記者が書いている解説のとおりです。私がものすごく問題にしているのは、記事を虚報扱いにしたことです。あの記事の見出しが強すぎるという批判ならばいくらでも議論できますし、続報で修正することもできます。「命令違反」という表現は強すぎるというのならば、「意向に反して」のほうがいいのではとか、そんな程度の問題です。それが一気に「取り消し」というのです。私は、それは大間違いだと思います。

取り消しとは、記事を「捏造」した場合、つまり「虚報」のときの扱いなのです。過去、朝日が報じた「サ

ンゴ事件」や「伊藤律事件」はいずれも「虚報」です。記者が記事をでっちあげたのですから、それは取り消す以外にありません。しかし今回はでっち上げてなんかいません。政府が隠していたものを取り出して、そのエッセンスを書いたのです。そのときに多少強い見出しをつけただけです。見出しは強いよりはむしろ控えめにすべきだという考え方の人もいますので、私はその議論には反対しません。しかし取り消してしまったら、新聞の報道とりわけ政府が隠してるものを探しだし掘り起こしていく調査報道は、姿を消してしまうだろうと思います。

海渡　僕も、柴田さんがおっしゃるとおりだと思います。確かに、当時の混乱のなかで指示が正確に行き渡らなかった人がいたかもしれません。それでも、明らかに指示は指示なのです。テレビ会議で所長席に座って、こうしろと言っているのですから、それは指示であり命令であるのです。

柴田　聞いてなかったというのは別の話ですね。

海渡　命令をしっかり末端に伝えるべき人が、命令に反したことをやったのですよ。僕は、それが絶対あると思うのです。本来命令に従わなければいけないのに、自分たちもこの近くにいるのは怖いから2Fに行きたいと思っていた人たちがそう動いたのだと思います。直属の部下の中に、吉田さんに背いた人たちがいるということが、この資料の中からはっきり読み取れる感じがするのです。

柴田　私は、あとで戻った人がいるってことが、間違ったことをやったことの証明だと思うのです。

海渡　それから、戻そうとして戻らなかった人も、おそらくいるのですよ。（笑）

柴田　私は、2Fに行ったことは正しかったというのは後知恵だと思うのです。

海渡　そうですね。僕が最初にこの問題で発言した2カ月くらい前は、調書の内容が割と知られていて、「考えてみれば2Fに行ってよかったのではないか、というところが落ちてるいのはおかしい」と、皆さんおっしゃっていたのです。だけども、この一連の客観的な流れからするとそれは後になってから言っていることです。6

時から7時ごろにかけては、とにかく留まれと、吉田所長は必死に頑張っていたのです。それに反した動きが起きていたことは間違いありません。

彼が最初から「2Fでいい」と言っていたのなら、8時35分の記者会見で「所長の指示により2Fに行きました」と公表するはずです。何が起きているのか、本店はすべてわかっていたのですから。そのことを鋭く追求すべきだし、その続報を書くべきだと思うのです。

柴田　そうですね。それがメディアの役割ですね。いきなり取り消しなどというのは、社の対応としては最悪だと思いますね。しかも、そのうえに11月28日に、編集幹部や記者に対する処分が出されましたね。

海渡　僕の見解は朝日新聞に郵便でも送りました。朝日の広報の人は「ちゃんと幹部には配りました」と電話もしてきてくれたのですが、昨日、処分が出てしまいましたね。とても残念です。

柴田　上の方に厚く、下の方に薄かったのは少しましではありましたが、あの程度のことで処分していいのか、非常に疑問です。

海渡　こういうことで処分されるというのは、僕は非常に不満です。事実関係の点ではたいした間違いはないといっているのに、東電に対する非難の論調が含まれていたから処分したということですか。

柴田　それから、もう一つ問題だと思うのは、今回の特別報道部の活躍が社内で嫉妬の対象になったのだ、と言っている人たちがいるのです。

海渡　そんなことがあるのでしょうか。

柴田　陽が当たるのはどこかといった嫉妬で処分の判断がなされることはないと思うのですが、今回の処分が社内でどう受け取られるかは、もうしばらく見ないとわかりません。

海渡　今回、記者は減給という処分でしたが、今後の調査報道を考えたときに、それは認めてはいけないと思うのです。

柴田　そもそも今回のケースは、吉田調書を独自に入手したスクープだとして、朝日は新聞協会賞に申請までしていたのです。社として「表彰してほしい」と言って出したものを、「実はそれは処分の対象でした」ということですから、話になりません。

海渡　そうですね。しかも、処分に関する理由づけがあまりにも薄弱です。

柴田　ＰＲＣ見解を読んで朝日社内の様子はわかりましたが、事実を後追いしただけで処分に関しての理屈らしい理屈はまったく述べていません。

海渡　これからも頑張るしかありませんね。私自身、原発関係の訴訟をやってきた弁護士なので、原発の差し止め訴訟も大事なのですが、福島で何が起きたのかということについての真実を明らかにしていく責任があると思うのです。

柴田　その通りですね。原発の安全神話に乗せられてしまったのが科学報道の最大の失敗なのですから、科学記者は福島事故の真相に迫る努力をこれからも続けていかなければなりません。今日は様々なお話を聞かせて頂き、どうもありがとうございました。

※本章の初出は、『マスコミ市民』ＮＰＯ法人マスコミ市民フォーラム、２０１５年１月号。

〈コラム〉読売新聞の誤報

海渡雄一

3月12日の1号機への海水注入をめぐる読売新聞の報道について、振り返ってみたい。

2011年5月21日の読売新聞は、一面トップで「首相意向で海水注入中断」「震災翌日、55分間」という大見出しで報道をした。さらに、海水注入中止の指示にもかかわらず、吉田昌郎所長は中止をしたふりをして注水を続けていたという美談に発展していく。この報道は浜岡の停止命令の直後であり、政府関係者からのリークが情報源とされる。

この点についても、テレビ会議録画と吉田調書によって真実はほぼ明らかになった。吉田所長は「19時4分に海水を注入した直後、官邸にいる武黒から電話がありまして『官邸ではまだ海水注入は了解していない、と。だから停止しろ』との指示でした」「(私は)『できませんよ、そんなこと、注水をやっと開始したばかりじゃないですか』と。はっきり言うと、(武黒氏から)『四の五の言わずに止めろ』と言われた」「円卓にいた連中には、『中止する』と言いましたが、それの担当をしている防災班長には、ちょっと寄っていって、『中止命令はするけれども、絶対に中止しては駄目だ』と指示をして。それで本店には『中止した』という報告をしたということです。その後で官邸の方から注水していいよという話が来た。何時ごろか忘れましたけれども、(注水が了解されて)本格的に注水を二十時二十分にするということで報告しましょうと」「(了解の話は)官邸からというより、テレビ会議で本店からの指示が来た。OK、了解のお話はね」と陳述している。

このように、海水注入中止の指示は東電から官邸に説明要員として派遣されてきていた専門家である武黒一郎フェローの指示だったのである。18時からの官邸内の会議では、武黒フェローが海水注入の準備には1時間半程度時間がかかると言い、海水注入を続けた場合に析出する塩の影響、メルトダウンが起きた後の再臨界の可能性などについて原子力安全委員長から意見を聞き、海水注入の準備ができるまでに対応策を検討することは決まっていたようである。そして、その対応を検討するための会議が官邸で19時35分ころから始められ、海水注入に反対する専門家の意見はなく、19時55分に菅直人総理は海江田万里経済産業大臣に海水注入を指示した。このように、海水注入の指示を止めたのは、この検討会を開く前の海水注入はまずいと考えた武黒氏の独断であり、官邸側ではそのような指示がなされていたことを知るものはいなかった。確かに中止したふりをして止めなかった吉田所長の機転には感心する。

これまで、安倍氏は前記の読売新聞の報道を受けて菅総理が海水注入を止めたとブログなどで発言を続けてきた。読売新聞が報じたのと同じ情報を政府関係者から得たうえでの発言だと思われる。一方菅総理は、「自分は、19時4分に海水注入が始まったことも知らないし中止を指示した事実はない」と主張してきた。菅総理は吉田調書の内容が明らかになった際に、読売新聞に対し、過去の誤報の訂正を求めた。しかし、読売新聞は、続報で前の記事を否定はしたものの、記事そのものの訂正には応じていない。朝日新聞吉田調書報道に対して、これだけひどいバッシングをしておきながら、自らの紙面で時の首相の行動について事実に反する報道をしたことについて、真実が明らかになっても、謝罪も訂正もしないという態度はダブルスタンダードだと言わざるを得ないだろう。

あとがき――真実へのたゆみない歩みをとめてはならない

海渡雄一

浜岡原発訴訟に敗訴していなければ

私は、30年余にわたって原子力施設に関する訴訟をライフワークとして取り組んできた弁護士だ。3・11前の司法の判断の中で、この判決で勝訴していれば、福島原発事故を未然に防ぐきっかけとなり得た判決を一つあげるとすれば、２００７年10月26日に静岡地裁判決で、原告が完全敗訴した浜岡原発訴訟をあげることができるだろう。

この訴訟では、私たちは、マグニチュード９に達する巨大地震が原発の直下で発生することを警告していた。日本列島の場合はプレート境界地震は通常は沖合の陸をかなり離れた海溝部で発生することが多いが、浜岡とその周辺はプレートの境界が陸域に入り込み、原発敷地直下で巨大地震が発生する可能性がある。国内で最も深刻な地震被害が予測される箇所に原発を建設してしまったと主張し、東海地震の発生前に浜岡原発の運転を止めようとしていた。

私たちが提起した訴訟には、後に国会事故調の委員に選ばれることとなる石橋克彦氏や田中三彦氏も原告側証人となっていただき、科学論争としては、完全に中部電力側を圧倒していたと確信する。しかし、２００７年10月26日に受けた静岡地裁判決は、完敗であった。判決は、「耐震設計審査指針等の基準を満たしていれば安全上重要な設備が同時に複数故障することはおよそ考えられない。」「想定東海地震を超える地震動が発生するリスクは依然として存在する」「しかし、このような抽象的な可能性の域を出ない巨大地震を国の施策上むやみに考慮することは避けなければならない」などとして、原告らの訴えはしりぞけられた。

私は２００７年10月26日静岡地裁の判決が言い渡された時、地裁前の道路上で地震学者の石橋克彦氏が報道機関宛てに述べられたコメントを忘れることができない。そのコメントは「この判決が間違っていることは自然が証明するだろうが、そのとき私たちは大変な目に遭っている恐れが強い」というものであった。今回の福島第一原発の事態はこの石橋氏の予言の現実化であった。

決定的な時に決定的な情報が隠匿された

私は、福島原発の全電源喪失事故が発生したとき、この浜岡訴訟の弁護を担当した者の一人として、私たちの力不足でこの訴訟に敗訴したことが、事故の原因の一つのようにも思われ、深い喪失感にとらわれた。つまり、この判決で勝利することができていれば、全国の原発で地震・津波対策が強化され、今回の福島における悲劇を未然に防止できたのではないかと感じたのである。

3・11が起きたとき、私はたまたまではあるが、日弁連の事務総長という仕事に就いていた。日弁連の事務局のまとめ役である。原発訴訟に長年にわたって取り組んできた経験は、震災と原発事故後の日弁連の活動に多少なりとも活かせたかもしれない。しかし、私自身は、事務総長の仕事を忙しく続けながら、原発事故後にメルトダウンの事実やスピーディの情報、さらには汚染水の漏えいなどの重大な事実が隠されたことに強い衝撃を受けた。

私たちが闘ってきた原発訴訟は政府や事業者によって隠された情報を明らかにする闘いであった。本書の第2章には、そのような取り組みの一端が示されている。しかし、チェルノブイリの事故以降、原発の安全審査のための会合の公開が進み、読み切れないほどの情報が公開されるようになってきており、このような大規模な情報隠蔽が起きるとは考えていなかった。そして、3．11によって、決定的な瞬間に決定的な情報を隠す原子力ムラの本質は何も変わっていないことを改めて思い知らされた。

日隅さんのやり残した仕事

ここで、私の同僚であった日隅一雄弁護士のことについてひとこと言及しておきたい。日隅さんは、２０１２年６

月に亡くなった。産経新聞の記者から弁護士となったヤメ蚊記者だった。日隅さんは、2011年3月の事故発生直後から東電の記者会見に通い、メルトダウンや汚染水など東電の説明の疑問点を質問し、明らかになった事実を「情報流通促進計画」というブログで公開する活動を始めた。知る権利と市民主権を取り戻す大きな闘いの途上で、この年の5月に末期がんと診断され、余命半年と宣告された後も会見に通い続け、講演とブログの執筆を続け、この活動を友人の木野龍逸氏と共著で、「東電記者会見」などの本にまとめた。福島原発事故の真実を明らかにしていく闘いは、日隅さんの弔い合戦のように私には感じられる。この本は誰よりも、日隅さんに捧げたい。

隠された真実を明らかにするために努力したのは誰なのか

2011年3月下旬には近藤駿介原子力委員会委員長が官邸からの指示によって最悪シナリオを作成している。しかし、このレポートはこの年の秋まで公開されなかった。メルトダウンの事実や最悪シナリオの内容を公開しなかった理由は「パニックを防ぐためだった」と言い訳される。しかし、私は決定的に間違った判断だったと思う。この時点でこのシナリオを公表しても、少しの混乱は起きたかもしれないが、市民は原発の巨大な危険性をリアルタイムで正確に認識することができ、脱原発の合意が速やかに形成できたはずである。情報は、リアルタイムで公開されなければ、結局人々の頭をスルーし、国民的な記憶として定着しない。

私は、原発事故に関する事実を一つ一つ確定し、どの情報が歴史の真実であり、どの情報が偽りなのかを明らかにしていくことが、この国の針路を誤らせないためにとても大切なことだと考えている。原子力開発の歴史の中で、またこの福島原発事故について、何が隠されてきたのか。隠された真実を明らかにするために努力したのは誰なのか、そして隠蔽に荷担したのは誰なのか。本書は、歴史の法廷に証拠を提出するような気持ちで、できるだけ正確を期したつもりだ。私の執筆の動機に吉田調書報道を担った勇気ある記者に対するいわれなき誹謗中傷を否定し、彼らの喪われた名誉を回復したいという強い気持ちがあったことを隠すつもりはない。

福島原発事故の経過については、まだまだわからないことがたくさん残っている。だから、この報告が完璧だと言い張るつもりはない。真実を明らかにしていく調査報道の作業には、完全はないからだ。私たちは、そのような思いから、政府事故調のすべての調書の公開を求める裁判を提起し、この訴訟は審理中である。事実と証拠に基づく批判には、謙虚に耳を傾けたい。今後も真実にたどり着くために、たゆみない努力を続けなければならない。

２０１５年４月14日　高浜原発差止仮処分決定の日に

小川隆太郎（おがわ・りゅうたろう）
弁護士（東京共同法律事務所所属）。2011 年早稲田大学大学院法務研究科卒業、2014 年弁護士登録。原発事故情報公開弁護団や秘密保護法対策弁護団等において「知る権利」に関する人権活動を積極的に行い、2014 年 7 月には国連自由権規約委員会第 7 回政府報告書審査に参加し、秘密保護法について発言した。共著:『秘密保護法対策マニュアル』（岩波ブックレット）等。

山田厚史（やまだ・あつし）
ジャーナリスト、デモクラＴＶ代表、元朝日新聞編集委員。1948 年生まれ。71 年、毎日放送を経て、朝日新聞入社。経済記者。ロンドン特派員、バンコク特派員、ハーバード大学客員研究員（ニーマンフェロー）を務め、経済担当の編集委員に。退職後、インターネットでニュース解説する動画チャンネル「デモクラＴＶ」を立ち上げる。

海渡双葉（かいど・ふたば）
弁護士（横浜弁護士会所属）。明治大学法学部卒、早稲田大学大学院法務研究科（ロースクール）修了。秘密保護法対策弁護団の事務局次長。市民にとって必要な情報が秘匿されることへの問題意識から、原発事故情報公開弁護団に加わる。このほか、第四次厚木基地爆音訴訟、京王線連続立体交差事業認可等取消請求事件など、行政を相手方とする訴訟の弁護団に所属。
共著 :『秘密保護法対策マニュアル』（岩波ブックレット）。

木村結（きむら・ゆい）
東電株主代表訴訟事務局長。1964 年、百姓一揆や民話の研究を始める。1983 年、地域で住民運動、環境活動を主宰する。1986 年、チェルノブイリ原発事故を契機に、脱原発運動を始める。脱原発・東電株主運動を始め、東電に毎年株主提案を続けている。2011 年、福島第一原発事故を契機に東電株主代表訴訟を始め現職に就く。脱原発訴訟全国連絡会を始め、吉田調書の開示請求をしている。

森山裕紀子（もりやま・ゆきこ）
明治学院大学法学部卒業、横浜国立大学大学院国際経済法学研究科修士課程修了、大宮法科大学院大学修了、2008 年、弁護士登録。内閣官房情報公開法改正準備室参事官補佐を経て、現在早稲田リーガルコモンズ法律事務所所属。2015 年より第二東京弁護士会情報公開・個人情報保護委員会委員長。

川上愛（かわかみ・あい）
上智大学卒業後、民間放送局での勤務を経て獨協大学法科大学院修了。2008 年、弁護士登録後、原後綜合法律事務所所属。獨協大学法科大学院特任助教、草加市情報公開・個人情報保護審査会委員。

尾渡雄一朗（おわたり・ゆういちろう）
1985 年、大分市生まれ。東京大学法科大学院を修了。2012 年、弁護士登録と同時に原後綜合法律事務所に入所。「東日本大震災による原発事故被災者支援弁護団」にて原発被災者のために原発ＡＤＲや訴訟に取り組む。

武藤類子（むとう・るいこ）
福島県生まれ。版下職人、特別支援学校教員を経て、里山喫茶「燦」を開店。環境への負担を減らす暮らしを提案。チェルノブイリ原発事故を機に、脱原発運動に参加。福島原発事故後は、東電や国の刑事責任を問う福島原発告訴団団長を務めながら、福島の現状を発信している。

柴田鉄治（しばた・てつじ）
1935 年東京生まれ、東京大学理学部物理学科地球物理コース卒。朝日新聞記者、論説委員(教育・科学担当)、科学部長、社会部長、出版局長など歴任。朝日カルチャーセンター社長、国際基督教大学客員教授を経て、現在ジャーナリスト。
著書 :『原子力報道』（東京電機大学出版局）、『科学事件』（岩波新書）、『新聞記者という仕事』（集英社新書）など多数。

◎著者プロフィール
海渡雄一（かいど・ゆういち）
1981 年弁護士登録、34 年間にわたって、もんじゅ訴訟、六ヶ所村核燃料サイクル施設訴訟、浜岡原発訴訟、大間原発訴訟など原子力に関する訴訟多数を担当。2010 年 4 月から 2012 年 5 月まで日弁連事務総長として震災と原発事故対策に取り組む。脱原発弁護団全国連絡会共同代表として、3.11 後の東京電力の責任追及、原発運転差止のための訴訟多数を担当。
著書：『原発訴訟』（岩波新書）、『脱原発を実現する』（明石書店）、『反原発へのいやがらせ全記録』（明石書店）、『動かすな、原発』（岩波ブックレット）。
映画『日本と原発』の構成・監修を担当。

河合弘之（かわい・ひろゆき）
弁護士。浜岡原発差止訴訟弁護団長、大間原発差止訴訟弁護団共同代表、中国残留孤児の国籍取得を支援する会会長など。
共著:『脱原発』（青志社）、『東電株主代表訴訟』（現代人文社）、『動かすな、原発』（岩波ブックレット）他。
映画『日本と原発』の監督を務める。

原発《げんぱつ》事《じ》故《こ》情報《じょうほう》公開《こうかい》原告団《げんこくだん》・弁護団《べんごだん》
福島第一原発事故の真相究明および再発防止を求めて、吉田調書を含め、政府事故調の 772 名分の聴取記録の情報公開請求し、現在、不開示決定に対して訴訟中。

朝日新聞《あさひしんぶん》「吉田調書報道《よしだちょうしょほうどう》」は誤報《ごほう》ではない——隠《かく》された原発情報《げんぱつじょうほう》との闘《たたか》い

2015年5月15日　初版第一刷
2015年6月24日　初版第二刷

著　者　　海渡雄一・河合弘之＋原発事故情報公開原告団・弁護団 ©2015
発行者　　竹内淳夫
発行所　　株式会社 彩流社
　　〒102-0071 東京都千代田区富士見2-2-2
　　電話　03-3234-5931
　　FAX　03-3234-5932
　　http://www.sairyusha.co.jp/

編　集　　出口綾子
装　丁　　田中等
印刷　　株式会社平河工業社
製本　　株式会社難波製本

Printed in Japan　ISBN978-4-7791-2096-1 C0036
定価はカバーに表示してあります。乱丁・落丁本はお取り替えいたします。

《彩流社の好評既刊本》

元原発技術者が伝えたいほんとうの怖さ

小倉志郎 著

978-4-7791-1980-4（14. 06）

「あの複雑怪奇な原発の構造を理解しているエンジニアは世界に一人もいない……」福島第一原発の四号機を除く全号機の安全系ポンプ技術管理を担当した技術者が「遺言」のつもりで原発のありのままの実情を綴った一冊。　四六判上製1700円＋税

放射能とナショナリズム

978-4-7791-7010-2（14. 02）

フィギュール彩9

小菅信子 著

日本をがんじがらめにしている「放射能による不信の連鎖」の正体に迫る。原発推進派のレッテル貼り、反原発美談、原子力をめぐる「安全神話」から「危険神話」への単純なシフトへの抵抗。不信の連鎖を断ち切るための提案とは。　四六判並製1800円＋税

鎮魂と抗い——3・11後の人びと

978-4-7791-1818-0（12. 09）

山本宗補 写真・文

もはや人の力ではどうしようもない環境で「苦悩と責任と希望を分かち合い、支え合って」必死に生きる人びと、原発事故に抗う人びと。その姿をとらえた心に迫る感動的フォトルポルタージュ。警戒区域の写真も多数。　A5判並製2500円＋税

戦後はまだ…——刻まれた加害と被害の記憶

山本宗補 写真・文

978-4-7791-1907-1（13. 08）

戦争の実態は共有されてきたか？　70人の戦争体験者の証言と写真が撮った記憶のヒダ。加害と被害は複雑に絡み合っている。その重層構造と苦渋に満ちた体験を、私たちは理解してきたか——林博史（解説）　各紙誌で紹介！　A4判上製4700円＋税

戦場体験キャラバン——元兵士2500人の証言から

戦場体験放映保存の会、中田順子、田所智子 編著

978-4-7791-1996-5（14. 07）

最も先鋭的に戦争を語るのは、最前線にいた兵士たちだ！全国の元兵士2500人以上の証言を若手が中心になり集め保存した。これまでの定番話からは見えてこなかった意外な戦場のすがお。細部まで再現した聞き書きは、人を惹きつける面白さがある。四六判並製　2500円＋税

憲法を使え！——日本政治のオルタナティブ

978-4-7791-7025-6（15. 02）

フィギュール彩28

田村理 著

国家は、私たち一人ひとりの人権を守っているだろうか？　私たちは、何を根拠に国家や政治を信じているのだろうか？　憲法は、政治の中で実現される。国家・公権力を疑い、政治を問え。信じていても、救われない！　四六判並製1900円＋税